AI시대
5분 혁명

AI시대 5분 혁명

초 판 1쇄 발행 | 2025년 11월 1일
지은이 차문현 김기진

펴낸이 김기진
펴낸곳 에릭스토리
편집주간 Qbit
디자인 가보경 이소윤
출판등록 2023. 5. 9(제 2023-000026 호)
주 소 서울특별시 금천구 가산디지털1로 171, 318호
전 화 (02)6673-1238
팩 스 (02)6674-1238
이메일 ericstory1238@naver.com(원고 투고)
홈페이지 www.ericstory.net

ISBN 979-11-992246-5-0 (13320)

ⓒ 차문현 김기진, 2025

- 이 책은 저작권법에 따라 보호받는 저작물이므로 무단 전재 및 무단 복제를 금지합니다. 따라서 이 책 내용의 전부 또는 일부 내용을 재사용 하시려면 사용하시기 전에 저작권자의 서면 동의를 받아야 합니다.
- 책값은 뒤표지에 있습니다.
- 파본이나 잘못된 책은 구입하신 곳에서 교환해 드립니다.
* 이 책에는 '리아체, G마켓산스체'글꼴이 적용되어 있습니다.

차문현·김기진 지음

AI시대
5분
TURN AROUND
혁명

ERiC Story

프롤로그

우리가 했다면, 당신도 할 수 있다

　1998년, 한 세대의 기억 속에는 IMF라는 단어가 깊게 새겨져 있다. 그 시절 수많은 사람들이 일자리를 잃고, 가정이 흔들리고, 삶의 방향이 송두리째 바뀌었다. 저자인 차문현 교수 역시 그 100만 명 중 한 사람이었다. 은행 지점장으로 승승장구하던 그가 어느 날 갑자기 실직자가 되었다. 하루아침에 무너진 자리에서 그는 "실패 일기"를 쓰며 스스로를 다시 일으켰다. 그리고 그 일기는 새로운 기회를 여는 출발점이 되었다.

　20년이 지난 지금, 그때 무너졌던 세대가 AI 시대의 문 앞에 다시 서 있다. 변화를 두려움이 아니라 성장의 자극으로 삼아야 한다는 메시지는, IMF 세대를 넘어 지금의 청년 세대에게도 똑같이 유효하다. 위기를 겪은 사람만이 말할 수 있는 문장이 있다. "우리가 했다면, 당신도 할 수 있다." 이 책의 출발은 바로 그 확신에서 비롯된다.

AI 시대의 새로운 질문

오늘날 사람들의 불안은 IMF 때의 실직 공포와는 다르다. 이번에는 "AI가 내 일을 빼앗지 않을까?"라는 질문이 우리를 흔든다. 대학 강의실에서 20대 학생이 던진 질문, "교수님, AI가 우리를 대체할까요?"는 시대를 가로지르는 집단적 두려움을 상징한다.

하지만 역사는 반복된다. IMF 때도, 코로나 때도, 위기는 언제나 찾아왔다. 그리고 그 위기 속에서 다시 일어난 사람들은 공통의 힘을 가지고 있었다. 위기를 기회로 전환하는 '턴어라운드 관점'이다. 위기를 끝으로 보지 않고, 시작으로 바라보는 관점. 그때도 그렇고 지금도 그렇다. 차이가 있다면, 오늘날 우리는 **AI라는 강력한 도구이자 동료**를 곁에 두고 있다는 사실이다.

"긍정"이라는 전환의 언어

긍정은 단순히 낙관주의가 아니다. 현실의 어려움을 외면하지 않고, 그 어려움 속에서 다른 각도의 가능성을 발견하는 힘이다. AI 시대의 긍정은 기술을 맹목적으로 추종하는 태도가 아니다. 오히려 기술의 한계를 인정하면서도, 그것을 활용해 인간의 가능성을 확장하는 태도이다.

면접에서 15번 연속으로 떨어진 취준생이 있었다. 그에게 ChatGPT는 단순한 면접 예상 질문 도구가 아니었다. 자신을 다시 돌아보고, 답변을 구조화하며, 심리적 회복력을 되찾게 하는 대화 파트너였다. "나는 떨어진 사람이 아니라, 준비가 되어가는 사람이다."라는 긍정적 해석을 가능하게 한 것이다.

긍정은 상황을 바꾸기 전에 자신을 먼저 바꾼다. 그리고 AI는 그 긍정을 실천 가능한 실행으로 연결해 준다. 바로 이 지점이 과거 위기 세대와 지금의 우리 세대를 잇는 다리가 될 수 있다.

우리가 했다면, 당신도 할 수 있다

이 책은 두 사람의 회복의 경험과 5분 실행의 실천에서 출발한다. 한 사람은 차문현, 금융인으로서 실직의 나락을 경험하고 다시 교수로 서서 젊은 세대와 함께 성장하고 있는 리더이다. 또 다른 한 사람은 김기진에릭, HR 전문가이자 질문 디자이너로서, AI와 질문 프레임을 접목해 수많은 기업과 개인이 변화하도록 돕고 있는 실천가이다. 두 사람의 공통점은 단순하다.

"위기를 마주했지만, 주저앉지 않았다."

대신 스스로에게 질문을 던졌고, 하루 5분의 작은 실행을 반복했다. 그 결과, 생각이 루틴이 되고, 루틴이 변화를 만들었다. 그리고 이제는 그 과정을 체계화하여 누구나 따라 할 수 있는 '5분 혁명'의 방법으로 정리했다.

이 책은 이론서가 아니다. 누구나 하루 5분, 하나의 긍정 질문으로 시작할 수 있도록 디자인했다. 복잡한 철학 대신, "오늘 저녁에 바로 써먹을 수 있는 프롬프트"와 "내일 아침부터 적용할 수 있는 실행 루틴"을 담았다. AI 시대의 진짜 혁명은 기술이 아니라, 단 5분의 회복 리듬을 되찾는 인간의 힘이다.

- Part 1(차문현 편)은 **스토리**다. 실직, 조직 회생, 세대 소통, 대학 수업 등 굵직한 경험담을 통해 "AI 시대에도 변하지 않는 성공의 본질"을 보여준다. 독자는 그의 이야기를 통해 공감하고 위로받을 것이다.

- Part 2(김기진 편)은 **실전 가이드**다. 하루 5분 루틴, 질문법 FTP·APT, 사례별 프롬프트를 통해 누구나 AI를 '도구'가 아닌 '동료'로 활용하는 방법을 익힐 수 있다.

- 특별 부록은 즉시 실행 키트다. 상황별 프롬프트 100선, 나만의 AI 활용 점검표가 포함되어 있어 독자는 책을 덮자마자 행동할 수 있다.

지금 시작하는 당신의 5분 혁명

이 책을 읽는 독자는 각기 다른 자리에 서 있다. 어떤 이는 실직의 두려움 속에 있고, 또 다른 이는 미래가 불안한 취준생일 수 있다. 혹은 이미 자리 잡은 리더이지만, AI로 인한 변화를 어떻게 맞이해야 할지 혼란스러울 수도 있다. 그러나 출발점이 어디든 상관없다. 중요한 것은 5분의 관점이다.

실패는 다시 일어서는 발판이 되고, 두려움은 질문을, 질문은 성장을 이끈다. 위기는 끝이 아니라 바로 새로운 시작의 신호다. AI 시대의 진짜 변화는 거창한 혁신이 아니라, 하루 5분의 질문과 실행이 만들어내는 작은 회복의 루틴에서 시작된다. 그 5분이 쌓여 인생의 방향을 바꾸고, 일의 리듬을 바꾸며, 결국 조직의 문화를 바꾼다.

우리가 그 길을 걸어왔고, 지금도 걷고 있다. 그렇기에 자신 있게 말할 수 있다.

"우리가 했다면, 당신도 할 수 있다."

이 책은 당신의 '5분 혁명'을 여는 첫 페이지가 될것이다.

－에릭 스토리 편집장

AI시대
5분 혁명

차례

프롤로그	우리가 했다면, 당신도 할 수 있다	4

PART 1 경험이 만든 지혜, AI가 더한 날개

차문현

1장 인생 최악의 순간이 최고의 기회가 된다   16
- 1998년 그날, 44세 실직의 충격   17
- 가족에게 차마 말하지 못한 6개월   21
- 도서관에서 찾은 한 줄기 빛   26
- "위기는 危위험+機기회"를 깨닫다   30
- 실패가 남긴 가장 값진 교훈   35

2장 망해가는 회사를 살린 3가지 비밀   40
- 적자 20억을 흑자로 바꾼 숫자 너머의 진실   41
- 직원이 아닌 사람을 본 순간의 변화   45
- 작은 성공을 큰 성과로 연결하는 법   49
- 리더의 아침 표정이 회사를 결정한다   53
- AI 시대에도 사람이 먼저인 이유   57

3장 70세 교수와 20대 학생이 함께 성장하는 법 · 62

"교수님, AI가 우리를 대체할까요?" · 63
청년의 불안을 성장 에너지로 바꾸기 · 67
실패를 자산으로 만드는 대화법 · 71
부모가 자녀에게 배우는 AI 시대 · 75
세대를 연결하는 진짜 소통의 기술 · 78

4장 ChatGPT로 수업을 혁신하다 · 82

학생이 교수가 되고, 교수가 학생이 되다 · 83
발표 공포증을 극복한 A학생의 비밀 · 87
AI와 인간이 함께 푸는 창의적 문제해결 · 91
미래 인재가 갖춰야 할 진짜 경쟁력 · 96

5장 AI 시대, 변하는 것과 변하지 않는 것 · 102

40년 금융인생이 말하는 성공의 본질 · 103
데이터는 읽되, 사람을 보라 · 108
ChatGPT와 함께하는 전략적 의사결정 · 112
10년 후에도 필요한 사람이 되는 법 · 116
경력단절도 기회가 되는 AI 활용법 · 120

6장 모든 세대를 위한 AI 맞춤 전략 · 126

10대 학생: 미래를 여는 첫 번째 열쇠 · 127
20대 청년: 불안을 가능성으로 전환하기 · 131
30-40대 중추: 경력에 AI 날개 달기 · 135
50대 리더: 경험과 기술의 황금 시너지 · 139
60대 이상: 지혜가 빛나는 디지털 시대 · 143
모든 리더에게: 사람과 AI를 함께 이끄는 법 · 147

PART 2 질문하는 사람이 AI 시대를 이끈다

김기진

7장 AI와 친구되기: 두려움을 설렘으로 — 154
- ChatGPT와 "안녕" – 가장 쉬운 시작법(5분) — 155
- AI가 나를 진짜 이해하게 만드는 대화법 — 160
- 검색을 넘어 24시간 인생 코치 만들기 — 165

8장 하루 5분, 인생이 바뀌는 AI 루틴 — 172
- 아침을 여는 질문, 하루를 바꾸는 대화(5분) — 173
- FTP 루틴 – 생각을 현실로 만드는 3단계 — 178
- 점심시간 15분, 오후를 살리는 리셋법 — 183
- 저녁 복기로 만드는 1일 1성장 시스템 — 188

9장 질문력이 곧 AI 시대 최강 무기 — 194
- 똑같은 ChatGPT, 다른 결과의 비밀 — 195
- APT 질문법 – 초보자도 만드는 파워 질문 — 200
- 매일 질문하면 매일 성장하는 시스템 — 205
- 질문이 바뀌니 인생이 바뀌었다 — 210

10장 AI와 함께 성공한 평범한 사람들 — 216
- 취준생 지민: 15번 떨어진 후 대기업 합격까지 — 217
- 직장인 수현: 대리에서 과장으로 승진 — 222
- 창업자 민수: 폐업 위기에서 30억 투자 유치까지 — 226
- 주부 정희: 경력단절 10년 만의 성공적 재시작 — 231
- 자영업자 만수: 월 매출 500만 원에서 2000만 원으로 — 236
- 당신의 이야기: 지금 시작하면 1년 후 주인공 — 241

11장	**오늘 당장 시작하는 실전 가이드**	246
	Day 1: 5분만 투자하세요(따라하기 실습)	247
	Week 1: 하루 한 가지씩(7일 챌린지)	252
	Month 1: 습관이 되는 마법(30일 프로젝트)	257
	가족과 함께하는 AI 체험법	262
	돈 한 푼 안 들이고 시작하는 법	267
에필로그	당신의 5분 혁명은 지금 시작된다	272
특별 부록	**바로 쓰는 실전 키트**	276
	부록 A. 상황별 ChatGPT 프롬프트 100선	278
	부록 B. 나만의 AI 활용 점검표	284

Part 1

경험이 만든 지혜,
AI가 더한 날개

1장
인생 최악의 순간이 최고의 기회가 되다

1998년 그날, 44세 실직의 충격

6월 29일, 월요일 오후 2시.

동화은행 본사 회의실의 문이 닫히는 순간, 나의 세상은 무너졌다. IMF 외환위기의 여파로 진행된 구조조정 통보. 나는 26년간 지켜온 자리에서 단숨에 밀려났다.

"은행 구조조정에 따른 인력 감축 대상자에 해당됩니다."

짧고 차가운 문장은 심장을 도려내듯 그를 무너뜨렸다.

나는 단순히 직장을 잃은 것이 아니었다. 지난 20여 년 동안 쌓아 올린 정체성, 가족을 지탱해온 자존심, 그리고 미래에 대한 믿음이 한순간에 붕괴되었다.

모든 것이 무너진 순간

복도를 걸어 나오는 동안 수많은 기억이 스쳐 갔다. 1972년, 부산은행 신입으로 입사하던 날. 야간 대학을 다니며 고단한 청춘을 버텨낸 새벽들. 1996년, 도산로 지점장으로 승진했을 때의 환호. 불과 1년 전, 예금 3,000억 원 유치로 대통령 표창을 받았을 때의 자부심.

그 모든 것이 불과 몇 분 만에 '과거형'으로 바뀌었다.

주차장에 도착해 차 안에 앉았을 때, 나는 한동안 시동을 걸지 못했다. 손은 핸들을 붙잡은 채 떨리고, 머릿속에는 숫자들이 꼬리를 물었다.

44세.

고등학생 딸.

중학교 아들.

갚아야 할 전세자금 대출.

통장 잔고.

"앞으로 어떻게 하지?" 그 질문이 뇌리를 파고들었다.

일상의 질문이 비수가 된 날

그때 울린 전화. 아내였다.

"여보, 저녁 뭐 먹고 싶어요?"

평범하고 따뜻한 질문이었지만, 그 순간에는 차가운 칼날 같았다. 아직 가족은 아무것도 모르고 있었다. 나는 애써 침착한 목소리로 대답했다.

"오늘은 늦을 것 같아. 먼저 먹어."

전화를 끊고 핸드폰을 내려놓은 뒤, 나는 멍하니 차창 밖을 바라보았다. 은행 간판이 눈에 들어왔다. '동화은행' 이름처럼 동화 같은 해피엔

덩이 있을 줄 알았다. 그러나 현실은 동화가 아니었다.

근처 공원 벤치에 앉아 나는 자신이 실직자라는 사실을 곱씹었다. 바람은 여전히 불고, 사람들은 저마다의 일상에 바빴다. 세상은 그대로였지만, 나의 세상만이 무너져 있었다.

100만 명 중 한 사람

버려진 신문 한 장이 눈에 들어왔다. 굵은 글씨가 시선을 붙잡았다.

"IMF 실업자 100만 명 시대."

나는 그 숫자에 자신을 대입해 보았다. 100만 명 중 단 한 명. 거대한 통계 속의 한 점에 불과했다. 하지만 곧 이상한 생각이 스쳤다.

"100만 명이 모두 쓰러져 있다면, 가장 먼저 일어서는 사람이 되면 되지 않을까?"

터무니없는 희망 같았지만, 그것만이 버팀목이 되었다. 나는 무너진 마음 속에서 작지만 단단한 다짐을 만들었다.

"이대로 주저앉지 않겠다."

실패 일기의 시작

집으로 돌아가는 길에 문방구에 들러 노트 한 권을 샀다. 표지에 커다랗게 적었다.

"실패 일기 - 1998년 6월 29일 시작"

첫 페이지에는 단 한 줄을 적었다.

"오늘이 끝이 아니라 시작이다."

그 한 문장은 절망 속에서 다시 숨 쉴 수 있게 만든 산소였다. 나는 매일같이 노트에 썼다. 두려움, 분노, 허탈, 그리고 희망의 작은 조각까지. 글로 쓰는 순간, 감정은 비로소 형태를 가졌다.

그때부터였다. 나의 실패는 더 이상 무너짐의 기록이 아니라, 다시 일어서기 위한 설계도가 되어 갔다.

1998년 6월의 나는 한낱 실직자였다. 그러나 그날의 충격이 없었다면 나는 이후의 인생을 새롭게 쓰지 못했을 것이다. 실패가 나를 삼킨 것이 아니라, 실패가 나를 다시 빚어낸 것이다.

오늘 이 글을 읽는 독자에게도 같은 질문을 던져본다.

"지금 당신이 맞닥뜨린 위기는 무엇인가?"

"그것이 단순한 '끝'이라고 느껴지는가?"

나는 100만 실직자 중 하나였지만, 동시에 100만 명과 다른 길을 택했다. 나는 가장 먼저 일어서기로 했다. 그리고 20여 년 뒤, 나는 AI 시대에도 사람의 지혜를 이야기하는 교수이자 멘토로 서 있다.

위기는 누구에게나 찾아온다. 그러나 그 순간의 선택이 미래를 결정한다. 나는 실직의 충격 속에서도 "오늘이 끝이 아니라 시작"이라는 신념으로 턴어라운드의 길을 열었다.

가족에게 차마 말하지 못한 6개월

실직 사실을 들은 날, 나는 집에 돌아가지 못했다. 평소 같으면 퇴근길에 마트에 들러 아이들이 좋아하는 간식을 사갔지만, 그날은 차마 그럴 수 없었다. 집에 들어서는 순간, 아내와 아이들의 환한 얼굴을 보는 순간, 모든 것이 무너질 것 같았다.

나는 집으로 향하던 발걸음을 돌려 근처 공원에 앉았다. 석양빛이 붉게 물들었지만, 마음은 한없이 어두웠다.

"내가 가장인데, 이제 무엇으로 가족을 지킬 수 있단 말인가."

눈물이 핑 돌았지만, 울 수도 없었다. 울음마저 사치였다.

거짓 출근의 시작

다음 날 아침, 나는 아무 일 없다는 듯 양복을 입고 넥타이를 맸다. 딸이 "아빠 오늘 회의 있어요?"라고 물었을 때, 나는 미소로 대답을 대신했다. 아내는 도시락을 싸주며 "요즘 회사 분위기 힘들다던데, 여보는 괜찮지?"라고 물었다. 그 순간 가슴이 철렁했지만, "괜찮아"라는 한마디로 눌러 담았다.

그날부터 거짓 출근이 시작되었다. 아침 8시 정각에 집을 나서고, 저녁 7시에야 들어왔다. 가족은 내가 여전히 회사에서 바쁘게 일한다고 믿었다. 하지만 나의 하루는 도서관, 공원, 카페에서 흘러갔다. 신문을 읽고, 무료 강좌를 듣고, 채용 공고를 찾아다녔다. 그러나 44세 실직자를 받아줄 곳은 쉽게 보이지 않았다.

두려움과 자존심의 벽

가장 큰 두려움은 '가족이 알게 되는 순간'이었다. 아내의 눈에 실직 사실이 비칠까 두려워, 대화조차 줄어들었다. 아이들이 학원비 이야기를 꺼내면, 나는 대답 대신 기침으로 넘겼다.

밤마다 나는 혼자 방 안에 앉아 전세금 통장을 들여다봤다. 숫자는 줄어가고, 불안은 커졌다. 하지만 차마 털어놓지 못했다.

"내가 무너지면, 가족 모두가 무너진다. 끝까지 버텨야 한다."

그것이 당시 나의 유일한 논리였다.

자존심도 문제였다. 지점장까지 지낸 금융맨이 실직했다고 주변에 말할 수 없었다. 친척 모임에도 가지 않았다. 친구들의 전화를 피했고, 명절에도 고향에 내려가지 않았다. 사회와 단절된 채 나는 홀로 자신과 싸워야 했다.

도서관의 피난처

나에게 유일한 피난처는 도서관이었다. 무료로 볼 수 있는 신문과 잡지, 빼곡히 꽂힌 책들은 그에게 또 다른 세상이었다. 경제지면에서 IMF 실직자들의 인터뷰를 읽으면 마음이 무거워졌지만, 동시에 위안도 되었다.

"나만 무너진 게 아니구나."

도서관 구석 자리에서 나는 작은 노트에 글을 썼다.

- 오늘 느낀 절망
- 두려운 미래
- 그래도 붙잡아야 할 희망

그 노트는 시간이 흐르면서 '실패 일기'에서 '다시 서는 일기'로 바뀌어 갔다. 글을 쓰는 동안 나는 자신의 감정을 객관화할 수 있었고, 때로는 문제의 핵심을 깨닫기도 했다.

가장의 이중생활

6개월 동안 나는 완벽한 '이중생활'을 이어갔다. 낮에는 직장인인 척하며 집을 나섰고, 밤에는 실직자의 현실을 숨겼다. 아이들은 아버지가 여전히 회사에 다닌다고 믿었고, 아내는 내가 예전보다 말이 줄었다는 사실만 눈치챘다.

그러나 가장 힘든 순간은 저녁 식탁이었다. 가족이 "오늘 회사에서 무슨 일 있었어요?"라고 묻는 순간, 나는 애써 가벼운 농담으로 대답을 돌렸다. 거짓이 쌓여갈수록 가슴은 더 무거워졌다. 하지만 나는 믿었다.

"지금은 말할 수 없어도, 반드시 다시 일어나 말할 수 있는 날이 올 것이다."

무너지지 않기 위한 몸부림

그 6개월은 끝없는 고통이었지만, 동시에 자기 성찰의 시간이기도 했다. 나는 깨달았다.

- 직장은 빼앗길 수 있어도, 경험은 빼앗기지 않는다.
- 돈은 줄어들어도, 배우고 쓰는 힘은 남아 있다.
- 무엇보다 가족은 결국 나의 버팀목이다.

나는 스스로에게 매일 다짐했다.
"넘어졌지만, 쓰러지지 않겠다."
가족에게 실직을 숨긴 6개월은 힘든 시간이었지만, 동시에 새로운 출발의 준비 기간이었다. 그 고통의 시간 덕분에 나는 다시 일어서고, 결국 경영자로서 그리고 교수와 멘토로 제2의 인생을 열 수 있었다.
이 글을 읽는 독자도 어쩌면 같은 상황일지 모른다. 경제적 위기, 경력 단절, 말 못 할 비밀을 짊어진 채 하루하루를 버티고 있지는 않은가?
나는 말하고 싶다.

- 혼자 버티는 시간도 결코 헛되지 않다.
- 가족에게 차마 말 못하는 순간조차, 언젠가는 새로운 길의 자산이 된다.
- 중요한 것은 '끝까지 자신을 포기하지 않는 것'이다.

6개월의 침묵 끝에 나는 가족에게 모든 진실을 털어놓았고, 오히려 가족은 원망 대신 눈물로 나를 안아주었다. 그 순간 나는 알았다.

"나는 혼자가 아니구나. 다시 시작할 수 있구나."

 도서관에서 찾은 한 줄기 빛

실직 후 몇 주가 지나자, 나는 매일 같은 루틴을 반복하고 있었다. 양복을 차려입고 집을 나서 도서관에 가는 것. 처음에는 단순히 시간을 때우기 위한 도피였다. 그러나 차츰 도서관은 나의 삶을 붙잡아주는 유일한 공간이 되었다.

도서관의 공기는 독특했다. 세상과 단절된 듯 고요하면서도, 수많은 지식이 숨 쉬는 곳. 좌석마다 신문을 읽는 사람, 취업 준비를 하는 청년, 시험 공부에 몰두한 학생이 있었다. 나는 40대 중년 남자로서 그 틈에 앉아 신문과 책을 붙잡았다. 눈은 활자를 쫓았지만, 마음은 늘 불안했다.

신문 한 귀퉁이의 문장

어느 날, 경제신문 한 귀퉁이에 짧은 칼럼이 실려 있었다. 제목은 단순했다. "*위기는 危위험와 機기회다.*" 수없이 들어온 말이었지만, 그날따라 가슴 깊이 꽂혔다.

칼럼은 이렇게 말하고 있었다.

"IMF 외환위기는 수많은 사람을 거리로 내몰았다. 그러나 동시에 새로운 산업이 태어나는 계기가 되기도 한다. 쓰러진 사람은 많지만, 가장 먼저 일어서는 사람이 결국 시장을 주도한다."

나는 펜을 들어 그 문장을 노트에 옮겨 적었다.

"위기는 危위험와 機기회다."

책 속에서 발견한 또 다른 가능성

나는 도서관의 책장 사이를 천천히 걸었다. 이전까지는 금융 실무나 경영 서적에만 관심을 두었지만, 그날 이후 시야가 달라졌다. 철학, 심리학, 역사서까지 손에 닿는 대로 꺼내 읽었다.

특히 나를 사로잡은 것은 **자기계발서**였다. 당시에는 생소했던 '성공학', '리더십' 관련 책들이 IMF 이후 쏟아져 나오고 있었다. 그 책들 속에서 나는 새로운 언어를 배웠다. "*실패는 끝이 아니라 배움이다.*", "*리더는 위기 속에서 탄생한다.*"

책장을 덮고 나는 속으로 중얼거렸다.

"나는 은행원으로만 살 줄 알았다."

"하지만 이제는 다른 길을 배워야 한다."

"금융이 아닌 새로운 무언가로."

작은 메모에서 시작된 자기 혁명

나는 매일 노트에 글을 남겼다.

- 오늘 읽은 책에서 얻은 한 문장
- 나를 되돌아보게 하는 질문
- 내일 해야 할 작은 행동

"실패를 자산으로 만들어라"라는 문장을 적은 날에는, 스스로에게 이렇게 질문했다.

"내가 가진 실패 경험은 무엇이며, 그것이 누군가에게 어떤 도움이 될 수 있을까?"

이 메모는 단순한 기록을 넘어 **자기 혁명의 도구**가 되었다. 절망 속에서도 하루하루를 살아내는 힘, 그리고 언젠가 다시 사회로 나아갈 준비가 되었다는 자신감을 주었다.

도서관에서 만난 또 다른 사람들

도서관은 새로운 만남의 공간이 되었다. 같은 자리에 앉는 사람들과 눈인사를 나누며, 나는 점차 고립에서 벗어났다.

어느 날, 취업 준비를 하는 청년이 물었다.

"아저씨, 무슨 공부하세요?"

순간 당황했지만, 나는 솔직하게 답했다.

"나는 지금 다시 시작하기 위해 배우는 중이야."

그 말에 청년은 고개를 끄덕였다. 그 작은 대화는 나에게도 위안이었다.

"나만 무너진 게 아니구나. 다들 자기 싸움을 하고 있구나."

빛은 지식이 아니라 태도였다

도서관에서의 시간은 단순한 독서가 아니었다. 그것은 무너진 자존심을 조금씩 세우는 작업이었다. 신문 속 문장, 책 속 이야기, 노트 속 기록이 그에게 새로운 눈을 열어주었다.

내가 깨달은 진짜 빛은 '태도의 전환'이었다.

- 실패를 두려움이 아닌 자산으로 바라보기
- 실직을 치욕이 아니라 재도약의 계기로 받아들이기
- 지식을 머리에 담는 것이 아니라 삶에 연결하는 것

이 깨달음은 훗날 내가 교수로 서고, 수많은 청년을 지도하며, 또 AI 시대의 변화 앞에서도 당당히 맞설 수 있었던 밑바탕이 되었다.

당신도 어쩌면 같은 자리에 있을 수 있다. 해고 통보를 받은 날, 경력 단절 앞에 선 순간, 혹은 스스로의 한계를 느끼며 좌절하는 밤. 그때 필요한 것은 거창한 기적이 아니다. **도서관 한 귀퉁이에서 발견한 한 줄 문장처럼, 작은 빛을 붙잡는 것이다.**

그 작은 빛은 삶 전체를 바꾸는 불씨가 된다.

"위기는 危위험 ✚ 機기회"를 깨닫다

실직 후 수개월이 흐르면서 나의 마음은 서서히 굳어졌다. 처음에는 두려움이 전부였다. 그러나 도서관에서 만난 짧은 문장은 나의 시선을 바꾸어 놓았다.

"위기는 危위험와 機기회다."

평생 금융 현장에서 숫자와 싸우던 나였지만, 이 단순한 한 줄이 머릿속을 며칠 동안 떠나지 않았다. 위기가 단지 끝을 의미하는 것이 아니라, 기회로 이어질 수 있다는 전환의 언어. 그때부터 나는 위기를 '다시 살아보기 위한 문턱'으로 보기 시작했다.

危 - 위험을 직시하다

위기의 첫 글자, 危. 그것은 현실을 외면하지 말라는 경고였다.

실직 이후 나는 늘 자신을 합리화하고 싶었다. "언젠가 은행이 다시 불러주겠지", "금융권 경험이 있으니 재취업은 가능할 거야." 그러나 그 생각은 허상이었다. 현실은 44세 중년을 다시 받아주는 조직은 없다는 냉혹한 벽이었다.

나는 노트에 이렇게 적었다.

"나는 이제 더 이상 은행원이 아니다."

이 짧은 문장이야말로 위험을 직시하는 첫걸음이었다. 스스로에게 거짓말을 멈추고, 현실을 인정하는 순간 비로소 다음 단계로 나아갈 수 있었다. 危는 고통이었지만, 동시에 새로운 출발을 강요하는 힘이었다.

機 - 기회를 포착하다

위기 속 두 번째 글자, 機. 그것은 변화의 문을 여는 열쇠였다.

나는 도서관에서 만난 수많은 책을 통해 '리더십'이라는 개념을 새롭게 이해하게 되었다. 과거 은행에서 나는 실적과 성과만을 바라봤다. 그러나 리더십은 단순히 숫자를 관리하는 것이 아니라, 사람을 이끄는 것이었다.

"내 실패가 누군가에겐 배움이 될 수 있지 않을까?"

나는 이런 질문을 스스로에게 던졌다. 이 질문이 바로 機였다. 자신이 겪은 실패와 두려움조차도 누군가에게는 길잡이가 될 수 있다는 통찰. 실패 경험이 곧 다른 이들의 기회가 될 수 있다는 인식은 나의 내면을 흔들어 깨웠다.

전환의 순간

나는 실직의 시간을 '재교육의 시간'으로 바꾸었다. 매일 아침 도서관에 가서 책을 읽고 노트에 기록했다. 그리고 하루가 끝날 때면 스스로에게 이렇게 물었다.

- 오늘 내가 배운 한 줄은 무엇인가?
- 이 문장을 내 삶에 어떻게 적용할 것인가?
- 내일은 어떤 새로운 시도를 할 것인가?

이 습관은 단순한 위기 극복이 아니라, **새로운 자기 정체성**을 만드는 훈련이 되었다. 나는 더 이상 '직장을 잃은 전직 은행원'이 아니라, '다시 배우고 성장하는 사람'으로 자신을 재정의했다.

"위기=기회"를 체화한 실행

깨달음이 진짜 힘을 가지려면 실행으로 옮겨져야 한다. 나는 작은 실험을 시작했다.

먼저 가까운 교회 청년부에 가서 '경제 강의'를 자원했다. IMF 이후 청년들도 불안에 시달리고 있었기 때문이다. 강의 준비를 하면서 나는 자신이 가진 금융 지식과 실패 경험을 엮어 설명했다. 청년들은 눈을 반짝이며 들었다.

나는 그때 느꼈다.

"아, 나의 경험이 누군가에겐 길이 될 수 있구나."

그 순간은 짧았지만, 마음속 울림은 오래 남았다. 그동안 나를 짓눌렀던 실패와 좌절의 기억이 누군가에게는 위로가 되고, 또 다른 누군가에게는 희망의 이정표가 될 수 있음을 깨달았다. 危 속에서 機를 찾고, 그것을 실천한 첫 순간이었다.

AI 시대와의 연결

오늘날 AI 시대도 마찬가지다. 수많은 사람이 "AI 때문에 내 일이 사라지지 않을까?"라는 危의 순간에 서 있다. 그러나 나의 이야기는 말한다. **위기는 언제나 양면을 가진다.**

- AI가 사람의 일을 대체하는 危가 있는 동시에,
- AI가 사람의 능력을 확장하는 機도 존재한다.

누군가는 두려움에 머물지만, 누군가는 기회를 붙잡는다. 결국 AI 시대의 성패는 기술 자체가 아니라 **그것을 바라보는 태도**에 달려 있다.

내가 도서관에서 깨달은 것은 단순한 한자 풀이가 아니었다. 그것은 삶을 바라보는 시선의 전환이었다.

- 危위험를 직시하라. 현실을 외면하지 마라.
- 機기회를 포착하라. 새로운 길은 반드시 열려 있다.
- 깨달음을 실행으로 옮겨라. 작은 행동이 미래를 바꾼다.

이 글을 읽는 당신도 지금 위기의 벼랑 끝에 서 있지 않은가? 그렇다면, 나의 노트 한쪽에 적힌 문장을 기억하라.

"오늘이 끝이 아니라, 내일을 여는 시작이다."

위기는 당신을 무너뜨리기 위해 오는 것이 아니다. 당신이 '다시 서는 법'을 배우도록 이끄는 삶의 교사이자, 성장의 문장이다. 지금 이 순간이 바로, 당신의 **턴어라운드가 시작되는 첫날**이다

실패가 남긴 가장 값진 교훈

실직 후의 나날은 길고 어두웠지만, 시간이 지나면서 나는 조금씩 새로운 눈으로 과거를 돌아보기 시작했다. 예전에는 성공의 기억만이 자랑이었지만, 이제는 실패가 더 큰 의미를 지닌다는 사실도 알게 되었다.

숫자는 잊혀도 경험은 남는다

은행 지점장 시절, 나는 예금 실적과 대출 성과를 늘리며 치열하게 경쟁했다. 대통령 표창을 받을 만큼 뛰어난 성과를 냈다. 그러나 한순간의 구조조정은 그 모든 실적을 무력화시켰다.

"아무리 큰 성과도, 조직의 변화 앞에서는 한 장의 종이에 불과하구나."

처음엔 허무했지만, 시간이 흐르자 다른 생각이 자리 잡았다. 성과는 사라져도 **경험은 남는다**는 사실이었다. 위기를 맞아보니, 자신이 쌓아온 금융 지식·조직 운영·사람 관리 경험이야말로 다시 일어설 수 있는 자산임을 깨달았다. 실패가 준 첫 번째 교훈은 바로 이것이었다.

무너짐 속에서 진짜 사람이 드러난다

실패의 시간 동안 나는 두 가지를 뼈저리게 느꼈다.

- 성공할 때는 누구나 함께하려 한다.
- 하지만 실패할 때 곁에 남아 있는 사람이 진짜다.

실직 후 연락이 끊긴 동료도 많았다. 그러나 몇몇은 여전히 나를 챙기고, 밥 한 끼를 같이하며 "힘내라"는 말을 해주었다. 그 말 한마디가 얼마나 큰 힘이 되었는지 모른다.

나는 이후 리더십을 정의할 때, 성과 중심이 아니라 **사람 중심**을 강조하게 되었다. 성공이 아닌 실패를 통해 사람의 본모습을 보았기 때문이다.

실패는 나를 낮추고, 다른 이를 보게 한다

실직 전 나는 늘 '성과 우선주의자'였다. 직원들에게도 늘 숫자와 목표를 강조했다. 그러나 실패를 겪고 나니, 숫자보다 중요한 것이 '사람의 마음'임을 알게 되었다.

"내가 이렇게 무너져 보니, 직원들도 얼마나 불안했을까. 그들의 두려움을 나는 이해하려 하지 않았구나."

나는 그때 비로소 **공감의 힘**을 배웠다. 실패가 남긴 값진 교훈 중 가장 큰 것은, 자신을 낮추고 타인을 이해하는 법이었다.

실패는 끝이 아니라 다음 단계의 연습이다. 실패 속에서 나는 자신을 이렇게 다독였다.

"이것은 끝이 아니다. 다음 무대를 준비하는 리허설이다."

이 태도는 훗날 나의 강의와 저서 곳곳에 녹아들었다. 나는 늘 학생과 청년들에게 말했다.

"실패는 당신의 능력이 부족해서가 아니라, 새로운 가능성을 준비시키는 과정이다."

실패를 '종착지'가 아니라 '경유지'로 보는 관점. 이것이 그의 삶을 다시 움직이게 한 원동력이었다.

실패는 나만의 스토리가 된다

성공담은 누구나 쉽게 말한다. 하지만 실패담은 선뜻 꺼내기 어렵다. 그럼에도 불구하고 나는 자신의 실직 경험을 감추지 않았다. 오히려 강의 자리에서, 강단에서, 솔직하게 털어놓았다.

나의 이야기를 들은 청년들은 고개를 끄덕이며 말했다.

"교수님도 그런 실패가 있었군요. 저도 용기를 낼 수 있을 것 같아요."

그때 나는 깨달았다. 실패는 나만의 스토리가 되고, 그 스토리가 다른 사람을 살린다는 사실을 말이다.

AI 시대에도 이 교훈은 그대로 통한다. 많은 사람이 말한다. "AI 때문에 내가 밀려날까?", "내 경험은 쓸모없는 게 될까?" 그러나 나의 실패 이야기는 답한다.

- 기술이 변해도 경험은 사라지지 않는다.
- 실패의 순간이 오히려 새로운 배움의 출발점이 된다.
- 두려움을 공유할 때, 그 이야기는 누군가의 희망이 된다.

실패를 자산으로 전환하는 사람이 AI 시대에도 가장 강한 사람이다. 나는 실직 당시 인생이 끝났다고 생각했다. 하지만 시간이 지나 보니, 그때의 실패가 나의 삶에서 가장 값진 교훈이었다.
내가 독자에게 전하는 메시지는 단순하다.

- 실패는 당신을 무너뜨리려는 것이 아니라, 더 단단히 세우려는 과정이다.
- 성공은 숫자로 기록되지만, 실패는 사람의 마음에 남는다.
- 실패담을 숨기지 말고 꺼내라. 그것이 누군가의 길이 된다.

실패를 경험한 당신이라면, 기억하라. 지금 겪는 고통이 언젠가 당신의 가장 큰 자산이 될 것이다. 나의 삶은 그것을 증명했다.

2장

망해가는 회사를 살린 3가지 비밀

적자 20억을 흑자로 바꾼 숫자 너머의 진실

실직 이후 재기에 성공한 나에게 또 다른 기회가 찾아왔다. 금융 위기 속에서 존폐의 기로에 놓인 한 기업이 나에게 도움을 요청한 것이다. 회사는 이미 적자가 20억 원을 넘어섰고, 직원들은 동요하고 있었다. 누구도 이 회사를 살릴 수 있을 것이라 믿지 않았다.

그러나 나는 제안을 받아들였다. 실패를 통해 얻은 교훈을 실제 현장에서 시험해볼 수 있는 기회였기 때문이다.

숫자만 보지 않고 '사람'을 보기 시작하다

처음 회계 장부를 들여다본 나는 충격을 받았다. 매출은 줄어드는데 비용 구조는 그대로였다. 문제는 숫자가 아니었다. **사람들이 이미 마음을 놓아버린 상태였다.**

직원들은 출근은 하지만 눈빛이 죽어 있었다. "어차피 망할 회사인데…"라는 체념이 공기처럼 퍼져 있었다. 나는 결심했다. "회사를 살리는 첫 번째 조건은, 사람의 마음을 되살리는 것이다."

나는 매일 아침 30분씩 전 직원을 모아 짧은 회의를 열었다. 거창한 보고가 아니라, 단 한 가지 질문만 했다.

"어제 무엇을 했고, 오늘 무엇을 할 것인가?"

단순한 질문이었지만, 직원들의 표정은 조금씩 달라졌다. 누군가는 작은 성과를 공유했고, 다른 누군가는 동료를 격려했다. 회의는 곧 '숫자'가 아닌 '사람'을 다시 연결하는 장치가 되었다.

작은 성공을 키워 큰 성과로 만든다

나는 곧 '작은 성공의 힘'을 조직 전체에 퍼뜨렸다. 처음에는 아주 사소한 것부터 시작했다. 납기일보다 하루 먼저 물건을 납품하거나, 고객의 불만을 하루 안에 해결하는 것. 숫자로 환산하면 미미한 차이였다. 그러나 그 작은 변화가 쌓이자 직원들은 자신감을 얻었.

"우리가 해낼 수 있다"는 믿음이 조직 전체에 번졌다.

나는 이 과정을 '작은 성공의 도미노 효과'라고 불렀다. 작은 성취가 사람들의 태도를 바꾸고, 태도가 다시 성과를 만들어내는 선순환이었다.

6개월 뒤, 회사는 적자 폭을 절반으로 줄였다. 그리고 1년 뒤, 마침내 20억 적자를 모두 상쇄하고 흑자로 돌아섰다.

리더의 표정이 회사를 바꾼다

숫자와 시스템이 아무리 좋아도, 리더의 태도 하나가 조직 분위기를 좌우한다. 나는 매일 아침 일부러 웃는 얼굴로 출근했다. 누구보다 먼저 사무실 불을 켜고, "좋은 아침입니다!"라고 외쳤다. 처음에는 직원들이 어색해했지만, 곧 따라 하기 시작했다.

나는 회의에서 일부러 자신이 저지른 실수를 공유했다. "어제 이런 부분은 내가 잘못 판단했어." 그러자 직원들도 실패를 숨기지 않고 드러내기 시작했다. 실패를 탓하지 않고, 함께 해결책을 찾는 문화가 만들어졌다.

나는 확신했다. 리더의 표정 하나가 회사를 죽일 수도, 살릴 수도 있다.

숫자 너머의 진짜 변화

적자 20억 원을 흑자로 바꾼 것은 회계 장부의 기술이나 경영 기법 때문만은 아니었다. 그것은 사람의 마음을 살리고, 작은 성공을 연결하며, 리더의 태도를 바꾼 결과였다.

- 사람을 먼저 본 것이 조직을 다시 일으켰다.
- 작은 성과를 키워낸 것이 자신감을 불러왔다.
- 리더의 표정 변화가 문화를 새롭게 만들었다.

숫자는 결과일 뿐, 본질은 사람이었다.

AI 시대와의 연결

오늘날 AI 시대에도 이 교훈은 똑같이 적용된다. 많은 기업이 AI 도입을 이야기하지만, 직원들이 불안과 두려움에 빠져 있다면 성과는 나오지 않는다.

- AI를 도입할 때도 먼저 사람의 마음을 살려야 한다.
- 작은 성과를 만들어 조직이 AI를 신뢰하도록 해야 한다.
- 리더는 AI를 두려워하지 않고 함께 웃으며 새로운 길을 제시해야 한다.

AI가 바꾸는 것은 기술이지만, 결국 그 기술을 쓰는 주체는 '사람'이다.

내가 경험한 20억 적자의 흑자 전환은 단순한 경영 성공담이 아니다. 그것은 **사람을 잃지 않으면, 숫자는 따라온다**는 증거였다.

독자에게 전하고 싶은 말은 이것이다.

- 위기 속에서는 먼저 사람의 눈빛을 회복시켜라.
- 사소한 성공을 무시하지 말고 키워내라.
- 리더라면 당신의 표정 하나가 조직의 내일을 결정한다.

적자 20억을 흑자로 바꾼 비밀은 숫자에 있지 않았다. 이는 분명한 사실이다.

직원이 아닌 사람을 본 순간의 변화

나는 한때 직원들을 철저히 숫자로만 보았다. 지점장 시절, 내 머릿속에는 예금 목표, 대출 실적, 수익률 같은 숫자뿐이었다. 직원들을 부를 때도 이름보다 "예금 1등", "대출 꼴찌"라는 수식어를 더 자주 붙였다. 성과가 곧 존재의 가치라고 믿었기 때문이다. 하지만 그 믿음은 내 실직과 새로운 도전 속에서 산산이 깨졌다.

죽어가는 조직, 죽어가는 눈빛

적자 20억 원으로 휘청거리던 회사에 합류했을 때, 처음 눈에 들어온 것은 장부가 아니라 직원들의 얼굴이었다. 그들의 눈빛은 이미 꺼져 있었다. 출근은 하지만, 마음은 이미 떠나 있었다.

나는 그때까지도 "이들을 어떻게 성과로 움직일까"만 고민했다. 그런데 회의 중 한 직원이 무심하게 던진 말이 내 마음을 강하게 흔들었다.

"사장님, 우리가 아무리 노력해도 망하면 다 끝 아닙니까?"

순간 나는 말문이 막혔다. 장부상 숫자만 줄줄 꿰던 나에게, 그들의 삶과 두려움은 보이지 않았던 것이다. 그제야 깨달았다. 이들은 단순히 '직원'이 아니라, 가정이 있고 꿈이 있는 '사람'이었다.

이름을 불러주기 시작하다

그날 이후 나는 일부러 직원들의 이름을 불러주기 시작했다. "김 대리, 오늘 얼굴이 좀 피곤해 보이네. 무슨 일 있어?"라며 묻고, 식사 자리에선 "아이 학교는 잘 다니고 있나?"라며 안부를 챙겼다.

처음에는 어색했다. 숫자로만 다루던 상사가 갑자기 사람 얘기를 하니, 직원들도 당황한 기색이었다. 하지만 시간이 흐르면서 분위기가 달라졌다. 이름을 불러줄 때, 그들의 표정에 작은 미소가 번지기 시작했다.

성과가 아니라 **사람 자체로 인정받는 경험**이 그들에게는 낯설지만 따뜻한 자극이었다.

눈물로 배운 교훈

어느 날 한 직원이 내 방에 찾아왔다. 그는 말을 더듬으며 이렇게 고백했다.

"사장님, 사실 아내가 암투병 중입니다. 회사가 힘드니 말 못 하고 혼자 감당했는데… 요즘 사장님이 제 이야기를 들어주셔서 용기가 납니다."

나는 순간 가슴이 먹먹해졌다. 지금까지 나는 직원들을 '성과를 내는 기계'로만 다뤘다. 그러나 그날, 그 직원이 흘린 눈물 속에서 나는 분명히 배웠다.

"직원을 사람으로 볼 때, 비로소 조직은 살아난다."

작은 관심이 만든 큰 변화

그 후 나는 매일 아침 회의에서 단순한 숫자 보고 대신, 직원들에게 "오늘은 어떤 기분인가?", "무엇이 가장 걱정되는가?"라는 질문을 던졌다. 처음엔 다들 머뭇거렸지만, 차츰 진짜 이야기를 하기 시작했다.

"아이가 수능을 앞두고 있어 긴장됩니다."
"어제 고객에게 칭찬을 받았는데 기분이 좋습니다."

이 작은 대화가 조직의 분위기를 달궜다. 사람들은 서로를 이해하게 되었고, 일터가 조금씩 살아났다.

나 자신에게 던진 질문

나는 스스로에게 물었다.

"내가 직원일 때, 나는 어떤 상사를 원했는가?"

돌아보니 답은 분명했다. 숫자만 보던 상사가 아니라, **내 삶을 이해해주는 리더**였다. 하지만 나는 오랫동안 그 반대의 리더였던 것이다. 그날 이후 나는 다짐했다.

"나는 이제 숫자보다 사람을 먼저 보겠다."

AI 시대의 울림

지금 AI 시대에도 이 교훈은 여전히 유효하다. 많은 기업이 AI 성과지표, 자동화 효율만 이야기한다. 하지만 사람을 보지 않으면, 그 숫자는 공허하다.

AI가 아무리 발전해도 직원들의 두려움, 불안, 기대를 읽어주지 못한다. 그것은 여전히 리더의 몫이다.

- AI는 데이터를 읽지만, 리더는 사람의 눈빛을 읽어야 한다.
- AI는 성과를 계산하지만, 리더는 사람의 마음을 계산해야 한다.

내가 깨달은 교훈은 단순하다. 진심으로 **사람을 볼 때, 성과는 따라온다.** 지금 당신도 조직을 이끌며 숫자에 매달리고 있지 않은가? 실적 압박 속에서 직원들을 숫자로만 보고 있지 않은가?

이제부턴, 직원이 아닌 사람을 보라. 성과는 사람을 존중할 때 뒤따라온다. 위기의 조직일수록, 리더의 한마디 관심이 기적을 만든다. 나는 사람을 보는 순간, 나 자신도 달라졌다. 그리고 그 변화가 결국 회사를 살려냈다.

작은 성공을 큰 성과로 연결하는 법

내가 적자 20억 원에 허덕이던 회사를 맡았을 때, 솔직히 두려움이 앞섰다.

"과연 내가 이 회사를 살려낼 수 있을까?"

아무리 머리를 굴려도, 단숨에 판을 뒤집을 묘수는 떠오르지 않았다. 그러던 어느 날, 나는 깨달았다. 큰 성과는 한 번에 오는 것이 아니라, **작은 성공이 모여 커지는 것**이라는 사실을 실감했다.

첫 번째 도전: 하루 먼저 납품하기

당시 우리는 거래처 납품 기한을 지키는 것도 버거운 상황이었다. 그런데 한 직원이 내게 조심스럽게 말했다.

"사장님, 이번엔 하루 먼저 납품해 보면 어떨까요?"

처음엔 무모해 보였다. 하지만 나는 허락했다. 작은 시도를 막아서는 안 된다고 생각했기 때문이다. 결과는 놀라웠다. 납품을 받은 거래처 담당자가 직접 전화를 걸어와 이렇게 말했다.

"정말 감사합니다. 사실 내일 아침까지 급히 필요했는데, 큰 도움이 됐습니다."

그 한마디가 직원들에게 엄청난 동기부여가 되었다. '우리가 할 수 있다'는 자부심이 싹튼 순간이었다.

작은 성과를 칭찬하는 법

그날 이후 나는 작은 성공이 나올 때마다 조직 전체 앞에서 크게 칭찬했다.

"오늘은 하루 먼저 납품한 덕분에 고객이 크게 감동했습니다. 이게 바로 우리가 살아남을 힘입니다."

그때 깨달았다. 작은 성과는 그냥 두면 작은 채로 끝나지만, 리더가 인정해 줄 때 비로소 큰 성과로 성장한다는 것을 말이다. 칭찬은 숫자를 키우는 것이 아니라, 마음을 키우는 일이었다. 직원들의 마음이 커지니 행동도 달라졌다. 행동이 달라지니 자연스럽게 성과가 뒤따랐다.

두 번째 도전: 고객의 불만 24시간 내 해결

또 한 번의 계기는 고객 불만 처리 과정에서 찾아왔다. 예전에는 불만이 접수되면 최소 며칠이 걸리곤 했다. 그러나 나는 '24시간 내 해결'을 선언했다.

처음에는 직원들이 고개를 저었다. "사장님, 그건 불가능합니다." 하지만 나는 말했다.

"해보지 않고 불가능하다고 단정 짓지 맙시다. 단 한 건이라도 24시간 안에 해결해 봅시다."

그 시도는 직원들에게 큰 도전이었다. 그러나 첫 사례가 성공했을 때, 고객이 남긴 말은 잊을 수 없다.

"이 회사는 다르군요. 정말 믿을 수 있습니다."

그 순간 직원들의 눈빛이 바뀌었다. 숫자나 실적이 아니라, **고객의 신뢰라는 무형의 자산**이 쌓이고 있다는 것을 모두가 체감했다.

성공의 도미노 효과

작은 성공이 하나둘 쌓이자 조직에 도미노 효과가 일어났다.

- 어제보다 조금 더 나은 서비스
- 불가능해 보였던 도전의 성취
- 고객의 칭찬이 직원들의 자존감을 세워주는 경험

이 흐름은 단순한 '성과 개선'이 아니라 **조직 문화의 변화**였다. 회사 전체가 "우리는 할 수 있다"는 분위기로 물들었다.

결국 1년 만에 20억 적자가 흑자로 전환되었지만, 나는 잘 안다. 그것은 어느 날 갑자기 찾아온 기적이 아니었다. 작은 성공들이 이어져 **만든 거대한 성과**였다.

리더로서의 나의 역할

나는 깨달았다. 리더의 역할은 대단한 전략을 세우는 것이 아니다. 오히려 작은 성공의 씨앗을 발견하고, 그것을 키우는 토양이 되는 것이다.

- 직원의 작은 아이디어를 무시하지 않는 것
- 사소한 성취를 크게 칭찬하는 것
- 실패하더라도 시도 자체를 인정해 주는 것

이 세 가지를 실천하자, 직원들은 스스로 더 큰 목표를 만들어내기 시작했다. 리더는 단지 촉매제였을 뿐이다.

리더의 아침 표정이 회사를 결정한다

나는 매일 아침 출근길 엘리베이터 거울을 보며 스스로에게 물었다. "오늘 내 표정은 어떤가?"

아무도 모르는 것 같지만, 직원들은 리더의 표정을 제일 먼저 읽는다. 내가 긴장하고 불안하면 그 기운이 그대로 퍼져 나간다. 반대로 내가 환하게 웃으며 "좋은 아침입니다"라고 인사하면, 회사 분위기가 달라졌다.

무거운 표정이 만든 그림자

처음 적자 회사를 맡았을 때, 나는 하루하루가 지옥 같았다. 숫자는 바닥을 기고, 거래처는 등을 돌리고 있었다. 출근할 때마다 마음은 무겁고 얼굴은 잔뜩 굳어 있었다.

그런데 어느 날, 복도 끝에서 두 직원이 대화하는 것을 우연히 들었다.

"사장님 오늘 또 얼굴이 안 좋으시네. 뭔가 잘못된 거 아냐?"
"그러게. 분위기가 더 안 좋아질 것 같아."

그 말을 듣는 순간, 머리를 한 대 얻어맞은 기분이었다. 내가 몰랐던 사실―내 표정 하나가 직원들에게 불안이라는 불씨를 퍼뜨리고 있었다는 것을 깨달았다.

표정을 바꾼 날, 분위기도 바뀌다

그날 이후, 나는 출근 전 거울 앞에서 억지로라도 미소를 지었다. 자동차 안에서 "할 수 있다, 오늘도 기회다"라고 스스로에게 최면을 걸었다.

다음 날 아침, 일부러 밝은 목소리로 인사했다.

"좋은 아침입니다. 오늘은 뭔가 좋은 일이 생길 것 같네요."

작은 변화였지만, 직원들의 반응은 달랐다. 눈을 마주치며 미소로 답하는 이들이 하나둘 늘어났다. 회의실 공기도 어제보다 가벼웠다. 리더의 아침 표정 하나가 조직의 하루를 바꿀 수 있다는 사실을 나는 몸으로 느꼈다.

표정이 신뢰로 연결되다

내가 밝은 얼굴로 하루를 시작하자, 직원들이 서서히 변하기 시작했다. 보고할 때도 목소리가 힘차고, 작은 아이디어라도 자신 있게 내놓았다. 실패를 두려워하던 분위기가 도전으로 바뀌었다.

한 직원이 퇴근길에 내게 말했다.

"사장님, 요즘 회사가 좋아지는 느낌이에요. 사실, 저희는 사장님 얼굴만 봐도 회사가 어디로 가는지 알 것 같거든요."

그 말을 들으며 나는 확신했다. 리더의 표정은 단순한 얼굴 근육의 움직임이 아니라, 신뢰를 전달하는 언어라는 것이다.

아침 표정 관리의 3가지 원칙

나는 그 경험을 통해 아침 표정 관리의 원칙을 세웠다.

- 거울 앞에서 웃어라

  집을 나서기 전, 억지로라도 웃어본다. 이는 단순한 연기가 아니라 하루의 기운을 바꾸는 자기 암시다.

- 첫 인사는 에너지로 한다

  출근 후 직원들과 눈을 마주치며 힘 있게 인사한다. "좋은 아침" 한마디가 직원들에게 안전 신호가 된다.

- 회의 시작은 긍정으로

  아무리 힘든 상황이라도 회의의 첫마디는 "오늘은 해볼 만하다"로 시작한다. 이는 두려움을 줄이고 도전을 가능하게 한다.

결국, 리더의 아침 표정은 하루의 조직 문화다. 리더가 웃으면 팀은 안심하고, 리더가 인사하면 관계는 살아난다. 리더가 긍정으로 시작하면, 조직은 위기 속에서도 성장의 리듬을 되찾는다.

AI 시대에도 변하지 않는 리더의 표정

AI가 많은 일을 대신하는 시대에도, **리더의 표정만큼은 대체할 수 없다.** 데이터 분석과 의사결정은 AI가 도와줄 수 있지만, 직원들이 아침마다 마주하는 리더의 얼굴에서 느끼는 안정감과 신뢰는 인간만이 줄 수 있다.

나는 종종 이렇게 말한다.

"AI가 숫자를 관리한다면, 리더는 감정을 관리해야 한다."

그 감정 관리의 시작점이 바로 아침 표정이다. 지금 당신의 조직이 힘들고, 직원들이 의욕을 잃고 있다면, 먼저 아침 거울 앞의 자신의 얼굴을 확인해 보라.

굳은 얼굴은 불안을 키우고, 환한 얼굴은 희망을 심어준다. 리더의 아침 표정 하나가 회사의 하루, 나아가 조직의 미래를 바꿀 수 있다. 나는 그것을 뼈저리게 경험했다. 그러니 내일 아침, 출근길에 꼭 한번 미소를 지어보라. 당신의 웃음이 곧 회사의 성공을 여는 신호탄이 될 것이다.

AI 시대에도 사람이 먼저인 이유

나는 요즘 강연을 다닐 때마다 이런 질문을 자주 듣는다.

"교수님, AI가 이렇게 빨리 발전하는데 결국 사람은 필요 없어지는 거 아닌가요?"

그럴 때마다 나는 웃으며 고개를 저으며 말한다.

"아니요. AI가 아무리 똑똑해져도, 결국 사람의 마음을 대신할 수는 없습니다."

위기의 순간, 숫자는 답을 주지 않았다

적자 20억을 안고 있던 회사에 처음 부임했을 때, 가장 먼저 받은 자료는 재무제표였다. 빨간 잉크로 가득한 숫자, 꼬리를 무는 손실. 그러나 그 숫자는 '왜 직원들이 의욕을 잃었는지', '왜 고객들이 등을 돌렸는지'를 말해주지 않았다.

나는 깨달았다. 문제는 숫자에 있지 않았다. 사람에게 있었다. 숫자를 살리려면 먼저 사람을 살려야 했다.

직원은 기계가 아니라 사람이다

당시 나는 회의 때마다 직원들에게 질문을 던졌다.
"요즘 가장 힘든 점이 뭡니까?"
"이 일을 하면서 자부심을 느낀 적이 언제입니까?"
처음에는 조용했다. 그러나 시간이 지나자 조금씩 목소리가 나오기 시작했다.
"성과만 보지 말고 과정도 인정해 주시면 좋겠습니다."
"아이디어를 내도 바로 잘린다는 게 제일 두렵습니다."
그때 느꼈다. **사람은 숫자로만 움직이지 않는다.** 인정받고, 존중받을 때 진짜로 살아난다. 그리고 그것이 회사를 살리는 시작이었다.

고객도 데이터가 아니라 사람이다

AI는 고객 데이터를 분석해줄 수 있다. 소비 패턴, 클릭 수, 구매 이력까지 정밀하게 보여준다. 하지만 나는 상담 현장에서 더 중요한 것을 배웠다.

고객은 **데이터로는 설명할 수 없는 감정으로 움직인다**는 사실이다. 어느 날, 한 장기 고객이 은행 거래를 끊으려 했다. 이유를 묻자 그는 이렇게 답했다.

"솔직히 금리 때문이 아닙니다. 창구에서 제 이름을 틀리게 부를 때마다 '나는 이곳에서 숫자에 불과하구나'라는 생각이 들었어요."

그때 뼈저리게 알았다. AI가 아무리 정밀하게 고객을 분석해도, **사람의 이름을 불러주고, 눈을 맞추며 신뢰를 주는 순간**이 없으면 관계는 금세 무너진다는 것을 말이다.

리더십은 결국 마음의 문제다

나는 금융인으로, 교수로, 그리고 리더로서 여러 현장을 거치며 이렇게 정리하게 되었다.

"리더십은 기술이 아니라 태도이고, 시스템이 아니라 마음이다."

AI가 회사의 보고서를 대신 써주고, 회의 자료를 자동으로 만들어준다. 하지만 직원 한 명의 눈빛이 흐려지고, 마음이 멀어지는 것은 AI가 감지하지 못한다. 그것을 읽어내는 것은 오직 사람, 리더의 몫이다.

AI와 사람이 함께 가야 하는 이유는 명확하다. 나는 AI를 부정하지 않는다. 오히려 적극적으로 활용한다. 수업에서는 ChatGPT로 학생들의 생각을 확장시키고, 회사 자문에서는 AI가 놓치기 쉬운 데이터 패턴을 제시받는다.

그러나 AI는 어디까지나 날개일 뿐이다. 나는 그 날개를 달고 더 멀리, 더 높이 날 수 있지만, 방향을 정하는 나침반은 여전히 사람의 마음에서 나온다.

AI는 질문에 답하지만, **진짜 질문을 던지는 것은 사람이다.** AI는 지시를 실행하지만, **무엇을 위해 실행할지 결정하는 것은 사람이다.** AI는 패턴을 찾지만, 그 패턴을 의미로 바꾸는 것은 사람이다.

당신이 리더라면, AI가 몰려오는 시대에 더더욱 사람을 먼저 보아야 한다.

- 직원의 표정에서 의욕을 읽어내고,
- 고객의 목소리에서 진짜 요구를 듣고,
- 스스로의 마음에서 희망을 다잡아야 한다.

AI는 분명 당신을 도와줄 것이다. 하지만 그것은 어디까지나 도구이고, 진짜 성패를 가르는 힘은 **사람 중심의 시선**에 있다.

나는 강연장에서, 그리고 학생들과의 수업에서 이렇게 말한다.

"AI 시대일수록 사람을 먼저 보십시오. 그것이야말로 위기를 기회로 바꾸는 가장 확실한 길입니다."

3장

70세 교수와 20대 학생이
함께 성장하는 법

"교수님, AI가 우리를 대체할까요?"

강의실 뒷자리에서 한 학생이 손을 들었다.

"교수님, 솔직히 좀 무서워요. AI가 이렇게 빨리 발전하면 우리 같은 20대는 일자리를 잃는 거 아닐까요? 우리를 대체해 버리는 건 아닌지…"

순간 강의실이 조용해졌다. 모두의 마음속에 있던 두려움을 누군가 대신 말해준 듯했다. 나는 잠시 말을 멈추고 학생들을 바라보았다. 70세의 내가, AI 시대의 불안에 흔들리는 청년들 앞에서 어떤 답을 줄 수 있을까 스스로에게 물었다.

나 역시 두려웠던 순간

사실 나는 IMF 때 은행에서 잘렸을 때도, 새로운 기술이 몰려올 때도, 늘 비슷한 두려움을 느꼈다.

"이제 내 자리는 끝난 게 아닐까?"

실직의 충격은 내 삶을 송두리째 흔들었다. 하지만 나는 그때 깨달았다. **두려움은 질문의 시작이지, 끝이 아니다.**

AI가 두렵다는 것은 아직 가능성을 탐험하지 않았다는 뜻이다. 그래서 나는 학생들에게 솔직히 말했다.

"나도 두려운 적이 많았단다. 하지만 그 두려움을 붙잡고 한 발만 더 나아가면, 그곳에 기회가 숨어 있더라."

AI가 대체하는 것과 대체하지 못하는 것

나는 칠판에 크게 두 줄을 그었다. 한쪽에는 "AI가 잘하는 것", 다른 한쪽에는 "사람만이 할 수 있는 것"이라고 썼다.

"AI는 계산을 잘한다. 수많은 데이터를 기억하고 분석한다. 보고서를 정리하고, 반복되는 일을 빠르게 처리하지. 하지만 사람만이 할 수 있는 게 있어. **의미를 찾고, 질문을 던지고, 관계를 맺는 것.** 이건 절대 AI가 대신할 수 없단다."

학생들의 눈빛이 조금씩 달라졌다. 나는 말을 이어갔다.

"결국 중요한 건 '무엇을 하느냐'보다 '왜 하느냐'를 아는 사람이 되는 거야. AI는 일을 대신할 수 있지만, 삶의 목적까지 대신하지는 못해."

70세와 20대가 나눈 대화

수업이 끝난 후, 질문을 던졌던 학생이 내게 다가왔다.

"교수님 말씀을 듣고 보니, AI를 무조건 두려워할 게 아니라 같이 활용해야겠다는 생각이 들어요. 그런데도 막상 어떻게 시작해야 할지 막막합니다."

나는 웃으며 대답했다.

"내 나이 70에도 시작했는데, 너희 20대가 못할 게 뭐 있겠니? 중요한 건 완벽한 방법을 찾는 게 아니라, 작은 질문 하나로 시작하는 것이야. 오늘 저녁에 집에 가서 ChatGPT에 이렇게 물어보렴. '내 전공에서 AI를 활용할 수 있는 방법 세 가지를 알려줘.' 그게 너의 첫 걸음이 될 거야."

학생은 눈을 반짝이며 고개를 끄덕였다. 그 순간 나는 알았다. 세대의 차이는 나이가 아니라, 질문을 던질 용기에서 나온다는 것이다.

나는 종종 학생들에게 이렇게 말한다.

"나는 경험으로 너희를 돕고, 너희는 최신 기술로 나를 돕는다. 그래서 우리는 경쟁자가 아니라 동료다."

실제로 수업에서 ChatGPT를 활용할 때면, 학생들이 더 빠르게 기능을 익히고 응용한다. 나는 그들의 눈을 통해 새로운 세계를 배우고, 그들은 내 이야기를 통해 길고 긴 시행착오의 교훈을 얻는다.

세대가 다르다고 해서 단절될 이유는 없다. **경험과 기술이 손을 잡을 때, 비로소 진짜 성장의 시너지가 일어난다.**

지금 당신도 "AI가 나를 대체하지 않을까?"라는 불안을 품고 있는가? 그렇다면 그 질문을 이렇게 바꿔보라.

"AI가 내 일을 어떻게 확장시킬 수 있을까?"

"AI가 내 부족한 점을 어떻게 메워줄 수 있을까?"

두려움에서 시작된 질문이 곧 성장의 문이 된다. 두려움은 약함의 징표가 아니라, 배움의 신호이자 변화의 초대장이다. 나는 지금도 배운다. 70세의 나에게 배움은 여전히 '미래형 동사'다. 새로운 기술 앞에서 멈추지 않고, 낯선 변화 앞에서도 마음을 닫지 않는다. 왜냐하면 배움은 나이를 묻지 않기 때문이다.

그리고 내 옆에는 두려움을 숨기지 않는 20대 학생들이 있다. 그들은 "모른다"는 말을 두려워하지 않고, "함께 배우자"는 말로 나를 다시 일으킨다. 그들의 솔직한 두려움은 나에게 또 한 번의 성장을 선물한다.

AI 시대를 이기는 힘은 기술이 아니라, 이처럼 두려움을 공유할 용기와, 함께 성장하려는 마음에 있다. 결국 인간의 가장 강력한 경쟁력은 두려움을 부정하지 않고, 그 속에서 새로운 질문을 만들어내는 능력이다.

그것이 바로, AI 시대를 이기는 가장 인간적인 길이다.

청년의 불안을 성장 에너지로 바꾸기

강의가 끝나고 나를 찾아온 학생들의 표정은 대부분 비슷했다. 호기심과 두려움이 뒤섞여 있었다.

"교수님, 솔직히 미래가 너무 불안합니다. 취업 준비도 어렵고, AI가 더 똑똑해진다는데 저희가 경쟁력이 있을까요?"

나는 그들의 마음을 누구보다 이해한다. IMF 외환위기로 회사를 잃었을 때, 나 역시 똑같은 불안을 품었으니까. 앞이 보이지 않고, 가족조차 지켜줄 수 없을 것 같은 막막함. 그러나 나는 그 불안을 에너지로 바꾸는 방법을 배웠다. 나는 학생들에게 이렇게 말했다.

"불안은 부끄러운 게 아니야. 오히려 불안은 네가 깨어 있다는 증거다. 무언가를 지키고 싶고, 더 나아가고 싶다는 신호다."

내가 실직했을 때도 불안은 끊임없이 나를 괴롭혔다. 하지만 그 불안 때문에 나는 도서관에 가서 공부를 시작했고, 실패 일기를 쓰며 하루를 견뎌냈다. 그 기록이 나를 다시 일으켜 세웠다. 불안이 있었기에 새로운 도전을 할 힘도 생겼다.

학생들의 눈빛이 조금 흔들렸다. 불안이 단순히 약점이 아니라 자산이 될 수 있다는 말에 놀란 듯했다.

불안을 활용하는 세 가지 방법

나는 내 경험을 바탕으로 불안을 에너지로 전환하는 세 가지 방법을 알려주었다.

- 기록하기

  불안을 머릿속에만 두면 괴로움이 커진다. 하지만 글로 쓰면 생각이 정리된다. 나도 IMF 시절, '실패 일기'를 썼다. 거기에 불안을 그대로 적어내려가면서 '오늘은 끝이 아니라 시작'이라는 희망을 다시 붙잡았다.

- 질문하기

  불안할 때 가장 효과적인 방법은 좋은 질문을 던지는 것이다. "내가 두려운 이유는 무엇인가?", "이 두려움이 알려주는 기회는 무엇인가?" 같은 질문이 불안을 분석하고 길을 찾게 해준다. AI 시대에도 마찬가지다. ChatGPT는 질문을 먹고 자라는 존재다. 불안한 순간, AI에게라도 질문을 던져보라. 대답을 듣는 동안 사고가 확장된다.

- 행동하기

  불안은 가만히 있을 때 더 커진다. 그래서 나는 아주 작은 행동이라도 했다. 책 한 권을 빌리고, 한 장을 읽는 것부터 시작했다. 학생들에게도 말한다. "코딩 공부를 시작하고 싶다면 오늘은 한 줄만 입력해봐라. 영어를 하고 싶다면 단어 하나만 외워라." 작지만 꾸준한 행동이 불안을 성장의 발판으로 바꾼다.

한번은 한 학생이 내게 말했다.
"교수님, 제 불안을 친구들에게 털어놓기가 두려워요. 괜히 약해 보일까 봐요."
나는 고개를 저었다.
"불안을 숨기면 병이 된다. 하지만 나누면 힘이 된다. IMF 때 나도 혼자 버티려 했지만, 결국 가족과 이야기를 나누고 동료와 고통을 나누면서 회복할 수 있었다."
청년들이 불안을 솔직히 말하고, 서로의 경험을 공유할 때 새로운 에너지가 생긴다. 나는 수업 시간에 학생들에게 불안을 기록해 발표하게 했다. 놀랍게도 발표 후 학생들의 얼굴이 훨씬 가벼워졌다.

AI 시대의 불안, 어떻게 활용할 것인가

오늘날 청년들의 불안은 대부분 AI와 관련이 있다. "AI가 내 일을 빼앗으면 어떻게 하나?"라는 걱정이 크다. 하지만 나는 이렇게 답한다.
"AI가 대신할 수 있는 일은 불안할 필요가 없는 일이다. 오히려 그것을 맡겨두고, 네가 더 가치 있는 일에 도전할 수 있는 기회를 잡아라."
AI가 보고서를 요약해주면, 청년은 더 깊이 분석하는 훈련을 할 수 있다. AI가 코드를 작성해주면, 청년은 문제 해결 구조를 디자인하는 능력을 키울 수 있다. 불안은 "내 역할이 어디에 있는가?"를 묻는 기회이자, 새로운 가능성을 여는 문이다.

나는 이렇게 말하고 싶다.

"불안은 사라지지 않는다. 그러나 불안을 성장 에너지로 바꾸는 법을 배우면, 그 어떤 변화도 두렵지 않다."

지금 당신이 청년이라면, 불안 때문에 잠 못 이루는 밤이 있을 것이다. 하지만 그 불안이야말로 당신을 성장으로 이끄는 원동력이다. 기록하고, 질문하고, 행동하라. 그리고 AI와 함께 새로운 가능성을 탐험하라.

70세의 내가 여기까지 올 수 있었던 것은, 불안을 외면하지 않고 동력으로 바꿨기 때문이다. 당신 역시 그렇게 할 수 있다.

실패를 자산으로 만드는 대화법

나는 오랫동안 강의실에서, 또 기업 현장에서 사람들을 만나왔다. 놀라운 사실은 모두가 성공 이야기를 듣고 싶어 하는 줄 알았는데, 실제로는 **실패 이야기**에 더 귀를 기울인다는 것이다.

IMF 때 내가 겪었던 실직, 적자 20억을 흑자로 돌려세우던 고난의 과정, 연구실에서 AI를 처음 활용하다가 헤맸던 순간들. 이 이야기들을 들려주면 학생들의 눈빛이 반짝인다.

"교수님도 그런 어려움이 있었어요?"

"저희만 힘든 게 아니군요."

그 순간, 실패는 단순한 과거가 아니라 지금 청년들의 용기를 불러일으키는 자산이 된다.

나는 처음에 실패를 쉽게 드러내지 못했다. 실직했을 때는 가족에게조차 6개월 동안 사실을 숨겼다. 하지만 시간이 지나 깨달았다. **실패를 숨기면 그건 나만의 상처로 남는다. 그러나 나누면 그것이 누군가**

의 길잡이가 된다.

강의 중 학생들이 불안을 말할 때, 나는 IMF 당시 '실패 일기'를 보여준다. 그 속에는 좌절도 있지만, 동시에 다시 일어서려는 몸부림도 담겨 있다. 학생들은 그 글을 보며 이렇게 말한다.

"저도 오늘부터 제 실패 일기를 써야겠어요."

내 상처가 그들의 회복을 돕는 순간, 실패는 더 이상 부끄러운 기록이 아니라 다음 세대에게 전해주는 자산이 된다.

실패를 자산으로 만드는 세 가지 대화법

나는 경험을 통해, 실패를 나눌 때 효과적인 대화법이 있다는 것을 알게 되었다.

- **사실을 있는 그대로 말하기**

  실패를 포장하거나 꾸미지 않는다. "나는 44세에 해고됐다." 이렇게 간단명료하게 말한다. 꾸밈없는 사실은 상대의 마음을 여는 첫 자물쇠다.

- **교훈보다 감정을 먼저 나누기**

  "그때 나는 두려웠다. 가족을 볼 용기가 없었다." 이렇게 감정을 솔직히 꺼낼 때, 듣는 사람은 진짜 공감을 느낀다. 교훈은 감정 이후에 자연스럽게 따라온다.

- **실패를 질문으로 연결하기**

  대화는 단순한 회상이 아니라, 상대가 스스로 답을 찾도록 돕는 과정이어야 한다.

- "너라면 그때 어떻게 했을까?"
- "이 경험이 네 인생에 어떤 힌트를 줄 수 있을까?"

이렇게 질문으로 마무리하면, 실패 경험은 단순한 옛이야기가 아니라 상대의 미래로 이어지는 자원이 된다.

가족에게 전한 실패의 힘

어느 날 아들과의 대화가 잊히지 않는다.

"아빠, 어떻게 다시 일어설 수 있었어요?"

나는 잠시 생각하다가 대답했다.

"솔직히, 처음엔 나도 몰랐다. 다만 하루하루 버티고, 작은 희망을 기록하면서 여기까지 왔다."

그 대화가 아들에게는 큰 울림이 되었던 모양이다. 이후 그는 도전을 두려워하지 않고 스스로의 길을 개척해 나갔다. 나는 그때 확신했다. 실패를 감추지 않고 나누는 순간, 그것은 자녀 세대에게 가장 값진 교육이 된다는 것을 말이다.

AI 시대의 실패, 어떻게 나눌 것인가

오늘날 학생들과 나는 AI를 주제로 많은 대화를 나눈다. 종종 나는 ChatGPT를 잘못 활용해서 엉뚱한 답을 얻기도 한다. 예전 같으면 이런 실수를 숨기고 싶었을 것이다. 하지만 지금은 오히려 수업에서 그 경험을 그대로 말한다.

"어제 내가 ChatGPT에게 질문을 잘못 던져서 완전히 엉뚱한 답을 받았다. 그런데 그 과정을 통해, 질문이 얼마나 중요한지 더 깊이 알게 됐다."

학생들은 웃으면서도 진지하게 배운다. AI 시대에는 완벽한 답보다 **실패 과정에서 얻은 통찰**이 더 큰 가치를 가진다. 실패를 투명하게 나누는 대화법은, 새로운 시대에도 여전히 강력하다.

지금 실패의 한가운데에 있는 독자가 있다면, 나는 이렇게 말해주고 싶다.

"실패를 숨기지 마라. 언젠가 그것은 누군가의 길잡이가 된다. 그리고 그 순간, 당신의 실패는 가장 값진 자산으로 변한다."

실패는 누구에게나 찾아온다. 그러나 그것을 대화로 나누는 사람만이, 세대와 세대를 이어주는 다리가 된다. 나는 내 실패를 통해, 후배와 자녀, 학생들이 조금 더 단단해지는 것을 보았다. 그때 느낀다. **실패야말로 우리가 남겨줄 수 있는 가장 값진 유산**이라는 것을 말이다.

부모가 자녀에게 배우는 AI 시대

나는 세월 속에서 자연스레 부모가 자녀에게 가르치는 입장에 익숙해져 있었다. 부모는 인생의 경험을 나누고, 자녀는 그 경험에서 배운다고 믿었다. 하지만 AI 시대에 들어서며 이 관계가 달라지고 있음을 나는 뼈저리게 느낀다.

아들에게서 들은 첫 번째 수업

몇 해 전, 내가 ChatGPT를 처음 접했을 때였다. 낯설고 복잡해 보였다. "이게 과연 쓸모가 있을까?" 반신반의하며 컴퓨터 앞에 앉았는데, 곁에서 아들이 말했다.

"아빠, 그냥 '안녕'이라고 먼저 인사해 보세요. 어려운 거 아니에요."

나는 놀랐다. 나에게 AI는 '연구해야 할 새로운 기술'이었지만, 아들에게는 '친근하게 대화할 친구'였다. 그때 깨달았다. AI 시대의 배움은 더 이상 일방향이 아니다. 부모도 자녀에게 배워야 한다.

예전에는 부모가 자녀에게 인생의 길을 알려주었고, 자녀는 기술을 배우러 학교에 갔다. 하지만 지금은 다르다. 부모는 경험을 전하고, 자녀는 기술을 전한다.

나는 금융 현장에서 쌓은 위기관리 경험, 사람을 이해하는 지혜를 아이들에게 들려준다. 반대로 자녀는 새로운 플랫폼 사용법, AI 활용법을 나에게 알려준다. 이렇게 서로의 지식을 교환하는 순간, 우리는 '가르치는 관계'를 넘어 '동반자 관계'로 변한다.

자녀가 알려준 AI 활용의 지혜

나는 한동안 보고서를 쓰고 강의안을 준비하는 데 시간을 많이 썼다. 그러던 어느 날, 딸이 옆에서 웃으며 말했다.

"아빠, 그거 ChatGPT한테 맡기면 한 시간 줄일 수 있어요. 대신 아빠는 내용을 더 풍부하게 보완하면 되잖아요."

그 말을 듣고 처음으로 ChatGPT에게 강의안을 요약해 달라고 했다. 놀랍게도 기초 뼈대가 금세 나왔다. 그 위에 내 경험과 사례를 덧붙이니 완성도가 훨씬 높아졌다. 딸의 한마디가 나의 일하는 방식을 완전히 바꾸어 놓은 것이다.

나는 그때 느꼈다. **AI는 도구지만, 그것을 활용하는 감각은 젊은 세대에게 더 익숙하다.** 그리고 부모 세대가 그 감각을 배우는 순간, 세대 간 협력이 시작된다.

부모의 권위를 내려놓을 때 보이는 것

처음엔 솔직히 자존심이 상했다.

"내가 평생 쌓아온 경험보다 저 아이가 더 잘 아는 게 있다니…"

하지만 곧 깨달았다. 자녀에게 배우는 건 부끄러운 일이 아니다. 오히려 그것이 관계를 더 깊게 만든다.

권위를 내려놓고 질문을 던질 때, 자녀는 더 이상 "부모의 지시를 받는 아이"가 아니다. 그들은 "함께 미래를 디자인하는 동반자"가 된다. 그 순간 대화가 달라진다. AI 시대의 가정은 더 이상 수직적이지 않다. 서로 배우고 성장하는 수평적 공동체다.

지금도 자녀에게 "너는 내가 가르치는 걸 배워야 한다"라고만 생각하고 있지 않은가? AI 시대에는 그 생각을 내려놓아야 한다.

- 부모는 경험을,
- 자녀는 기술을, 서로 나눌 때 진짜 성장이 일어난다.

나는 확신한다. 앞으로 부모와 자녀가 함께 AI를 탐구하는 가정이 가장 건강하고 빠르게 성장할 것이다.

AI는 세대 차이를 오히려 줄여주는 다리다. 부모가 자녀에게 배우는 순간, 가족은 더 가까워지고, 세대는 더 강력하게 연결된다.

세대를 연결하는 진짜 소통의 기술

나는 강의실에서 늘 느낀다. 세대의 차이는 나이가 아니라 **대화의 방식**에서 비롯된다는 것이다. 학생들과 마주 앉으면, 그들의 언어와 나의 언어가 다르다는 것을 금세 깨닫는다. 하지만 그 다름이 벽이 되지 않고 다리가 될 때, 우리는 서로를 성장시키는 동반자가 된다.

말보다 먼저, "듣는 기술"

내가 젊은 시절에는 상사가 말하면 부하는 듣는 것이 당연했다. 부모가 말하면 자식은 대답해야 했다. 그러나 지금은 다르다. 요즘 세대는 명령보다 대화, 지시보다 경청을 원한다.

그래서 나는 강의실에서 최대한 학생들의 이야기를 먼저 듣는다.

"교수님, 요즘 너무 불안해요."

"AI가 우리를 다 대체해 버리면 어떡하죠?"

이런 말을 들을 때, 나는 곧바로 해답을 내놓지 않는다. 그 대신 "그래, 네가 느끼는 불안이 뭔지 조금 더 말해줄래?" 하고 되묻는다. 놀랍게도 그 순간 학생들의 표정이 달라진다. 누군가 자기 이야기를 진심으로 들어주는 경험, 그것이 소통의 첫걸음이다.

AI, 세대를 하나로 묶는 공통 언어

예전에는 세대 간 대화의 공통 주제를 찾기가 쉽지 않았다. 나는 금융 이야기를 했고, 아이들은 게임이나 SNS 이야기를 했다. 그러나 지금은 AI가 새로운 다리가 되어주고 있다.

내가 "어제 ChatGPT에게 이런 질문을 던졌더니 이런 답을 주더라"라고 말하면, 학생들은 금세 반응한다.

"교수님, 그건 프롬프트를 이렇게 바꿔야 해요."

순간 강의실은 나와 학생이 서로 가르치고 배우는 장이 된다. AI는 단순한 기술이 아니다. 세대가 같은 주제로 함께 고민하고 실험할 수 있는 공통 언어다. 지금 당신도 다른 세대와의 소통에 어려움을 느끼고 있는가? 그렇다면 다음 다섯 가지를 기억하라.

- 먼저 듣는 것 – 대화는 귀에서 시작된다.
- 감정을 잇는 것 – 경험이 달라도 감정은 닮아 있다.
- 질문을 건네는 것 – 질문은 세대 간 대화의 가장 좋은 다리다.
- 약점을 드러내는 것 – 완벽한 모습보다 솔직함이 더 가깝다.
- 공통 언어를 찾는 것 – 지금은 AI가 최고의 매개체다.

나는 70세에도 여전히 학생들과 웃고, 토론하고, 배우고 있다. 세대가 다르다는 이유로 소통이 끊어진 적은 없다. 오히려 진심으로 다가갈 때, 세대는 서로에게 가장 든든한 **거울이자 동반자**가 된다.

나는 그들의 열정에서 현재를 배우고, 그들은 나의 경험에서 미래를 본다. 이렇게 서로의 시간을 나누며 우리는 함께 성장한다. **배움은 나이를 구분하지 않고, 마음을 향해 흐른다.**

소통은 기술이 아니다. 나이를 뛰어넘는 **감정의 언어**, 마음을 잇는 **신뢰의 힘**이다. 진심이 닿는 곳에는 세대의 벽이 존재하지 않는다. 대화가 이어지는 곳에는 언제나 배움이 자란다.

AI 시대의 우리는, 이 소통의 힘을 더 자주, 더 깊게 확인할 수 있는 기회를 갖고 있다. 기술이 연결을 돕고, 인간이 의미를 완성한다. AI가 다리를 놓아줄 때, 그 위를 건너는 것은 언제나 **사람의 마음**이다.

4장

ChatGPT로
수업을 혁신하다

학생이 교수가 되고, 교수가 학생이 되다

나는 70세가 된 지금도 여전히 강의실에 선다. 하지만 몇 년 전부터 강의실의 풍경이 달라졌다. 바로 ChatGPT라는 새로운 도구를 도입하면서부터. 처음에는 단순히 수업의 효율을 높이기 위한 보조 수단이라고 생각했다. 그러나 곧 깨달았다. 이 도구는 나와 학생의 역할 자체를 바꾸어 놓았다.

AI를 수업에 불러들이다

처음 ChatGPT를 강의실에 소개했을 때, 학생들은 반신반의했다.
"이게 정말 수업에 도움이 될까요?"
"교수님, 숙제 대신해주는 거 아니에요?"
나 역시 확신이 있던 것은 아니었다. 그러나 호기심을 가지고 한 가지 실험을 제안했다.

"오늘은 내가 질문자가 되고, ChatGPT가 답을 하는 과정을 함께 검증해보자. 그리고 너희는 그 답이 맞는지 틀린지를 평가해보자."

이 작은 시도로 강의실이 활기를 띠었다. 학생들이 AI의 답변을 분석하며 토론을 벌였다. AI는 학생들을 수동적인 청자가 아니라 적극적인 참여자로 바꾸는 열쇠가 될 수 있다.

학생이 교수가 된 순간

어느 날은 한 학생이 손을 들고 말했다.

"교수님, 이 문제는 제가 ChatGPT와 함께 준비해왔습니다. 제가 설명해보겠습니다."

그 학생은 칠판 앞으로 나가, ChatGPT가 정리해준 내용을 토대로 사례를 들며 발표했다. 다른 학생들이 질문을 던지자, 그는 다시 ChatGPT를 활용해 답변을 찾아내며 토론을 이어갔다. 나는 그 모습을 지켜보며 속으로 미소를 지었다.

"오늘은 내가 아니라 네가 교사구나."

그날 수업이 끝난 뒤, 학생들은 말했다.

"교수님, ChatGPT 덕분에 발표가 훨씬 자신 있어졌어요."

AI가 학생에게 날개를 달아주었고, 나는 그 과정을 바라보는 새로운 배움을 얻었다. 배움의 주체가 교사에서 학생으로 옮겨가는 전환의 순간이었다.

교수가 학생이 되는 경험

반대로 내가 학생들에게 배우는 경우도 많다. 나는 아직도 ChatGPT의 최신 기능을 빠르게 익히는 데 어려움을 느낀다. 어느 날 수업에서 나는 학생들에게 물었다.

"얘들아, 프롬프트를 어떻게 써야 더 좋은 답이 나오니?"

그러자 한 학생이 자리에서 일어나 프롬프트 엔지니어링 기법을 설명해주었다.

"교수님, 그냥 묻지 말고, 역할을 지정해서 질문하면 훨씬 정확해져요. 예를 들어 '너는 경영 컨설턴트라고 생각하고 이 문제를 풀어줘'라고 말하는 거예요."

나는 감탄했다. 내 제자에게서 배우고, 그 자리에서 바로 실습해보며 결과를 확인했다. 그 순간, 나는 교사이면서 동시에 학생이 되었다.

새로운 학습 생태계의 등장

ChatGPT를 도입한 이후, 강의실은 더 이상 일방향 지식 전달의 공간이 아니다.

- 학생은 ChatGPT와 함께 탐구하며 스스로 교사가 되고,
- 교수는 학생의 실험을 지켜보며 배우고,
- AI는 질문과 답변을 매개하며 수업을 확장한다.

이 세 주체—**학생, 교수, AI**—가 함께 만드는 공간, 그곳이 바로 새로

운 학습 생태계New Learning Ecosystem이다. 그 안에는 위계가 없다. 오직 **질문과 대답, 그리고 탐구의 순환**만이 흐른다.

그 흐름 속에서 지식은 더 이상 '전달'되지 않는다. 지식은 **공유되고, 연결되고, 새롭게 태어난다.** 그리고 그 순간, 교육은 과거의 교실을 떠나 미래의 협력 지성으로 진화한다.

AI 시대 교육의 본질

어떤 이는 묻는다.

"AI가 이렇게 발전하면 교수의 역할은 사라지는 것 아닐까요?"

나는 이렇게 답한다.

"AI가 바꾸는 건 교수의 '위치'이지, '가치'가 아니다. 교수는 더 이상 지식의 공급자가 아니라, 질문을 던지고 대화를 이끄는 촉진자가 된다. 그리고 학생들은 지식의 소비자가 아니라 탐구의 주체가 된다."

AI는 교육의 본질을 흔드는 것이 아니라, 오히려 본질에 더 가깝게 데려간다. 지식 전달이 아니라 **함께 배우는 경험**이 교육의 핵심임을 다시 확인시켜주는 것이다.

나는 이제 확신한다. AI는 교실에서 위계를 허물고, 세대를 이어주며, 모두를 학습자이자 교사로 만든다. 당신도 "내가 AI를 잘 모른다"는 이유로 뒤처질까 두려워하는가? 그렇다면 이렇게 생각해보라.

"AI를 모른다는 것은 학생이 될 기회다."

"AI를 활용한다는 것은 멘토가 될 기회다."

발표 공포증을 극복한 A학생의 비밀

나는 수업 시간에 학생들에게 발표 기회를 자주 준다. 하지만 항상 같은 학생만 손을 든다. 활발하고 자신감 있는 학생들이 대부분이고, 조용히 앉아 있는 학생들은 좀처럼 앞에 나서지 않는다.

그중에서도 특히 눈에 띄던 학생이 있었다. 이름을 A라고 하자. 그는 수업 시간 내내 노트를 빼곡히 채우고, 질문에도 열심히 답을 적었지만, 단 한 번도 발표를 자원하지 않았다. 눈이 마주치면 얼른 시선을 피했고, 목소리도 작았다.

어느 날 수업이 끝난 뒤 그는 내게 조심스레 다가왔다.

"교수님, 저는 발표만 하려고 하면 머리가 하얘져요. 심장이 너무 빨리 뛰고, 목소리도 떨려서 아무 말도 못 하겠어요."

나는 그의 두려움을 이해했다. 나 역시 젊은 시절, 수많은 청중 앞에 서는 일이 늘 쉽지만은 않았다. 그래서 나는 그에게 작은 실험을 제안했다.

"이번에는 ChatGPT와 함께 발표를 준비해보지 않겠니?"

그는 반신반의했지만, 내 제안을 받아들였다. 우리는 ChatGPT에 이렇게 질문했다.

"금융위기 당시 리더가 가져야 할 핵심 역량 세 가지를 알려줘."

AI는 신속하게 구조화된 답을 내놓았다. 나는 A에게 말했다.

"이제 네가 할 일은 이 답을 그대로 외우는 게 아니야. 네 생각을 덧붙이고, 네 언어로 다시 설명하는 거야."

처음에는 두려워했지만, ChatGPT가 제공한 뼈대는 그에게 든든한 안전망이 되었다. 발표를 준비하는 동안 그는 점점 표정이 밝아졌다.

"교수님, 제가 하고 싶은 말을 정리하는 게 이렇게 쉬운 줄 몰랐어요."

첫 번째 발표

드디어 발표 날이 되었다. A는 손을 떨며 교탁 앞으로 나왔다. 친구들은 그가 나선 것만으로도 놀란 듯 눈이 커졌다.

그는 차분히 말을 꺼냈다.

"저는 오늘 위기 상황에서 리더가 갖추어야 할 역량에 대해 발표하겠습니다."

처음 몇 문장은 어눌했지만, 이내 자신이 준비한 흐름을 따라가기 시작했다. ChatGPT가 제공한 구조는 그의 말하기를 길에서 벗어나지 않게 붙잡아주었다. 무엇보다 그는 자신의 경험을 더하며 이야기를 이어갔다.

"저는 아르바이트를 하면서도 어려운 상황을 겪은 적이 있습니다. 그때 배운 건, 리더는 먼저 침착해야 한다는 것이었습니다."

그 순간, 그의 눈빛이 바뀌었다. 더 이상 공포에 떠는 학생이 아니라, 자신의 이야기를 전달하는 작은 리더가 되어 있었다.

발표가 끝나자 강의실에 박수가 터졌다. 나는 그 박수 속에서 학생들의 진심을 읽을 수 있었다. '너도 할 수 있구나, 우리도 할 수 있겠구나.'

A는 발표 후 내게 이렇게 말했다.

"교수님, 아직도 떨리긴 했지만, 이번엔 도망치고 싶지 않았어요. ChatGPT가 틀을 잡아주니까 제 이야기를 더할 용기가 생겼습니다."

나는 그 말을 들으며 확신했다. AI는 학생의 두려움을 없애주는 것이 아니라, 두려움을 이겨낼 작은 다리가 되어준다.

AI가 주는 심리적 안전망

우리는 흔히 AI를 '효율의 도구'로만 생각한다. 하지만 내 강의실에서 본 AI는 조금 달랐다.

AI는 **심리적 안전망**이 되어 학생들에게 새로운 도전을 시도할 용기를 준다.

- "내가 틀리면 어떡하지?" → "AI가 기본은 잡아줬으니 괜찮아."
- "말을 잊어버리면 어떡하지?" → "AI가 정리해 준 흐름이 있으니 다시 돌아가면 돼."

이 작은 안심이 학생을 변화시켰다.

당신의 자녀나 동료 중에도 발표만 하면 위축되는 사람이 있는가? 그렇다면 그들에게 ChatGPT를 권해보라. 완벽한 답을 대신 말하라고 주는 것이 아니라, 발표의 뼈대를 잡아주는 조력자로 활용하게 하라.

AI는 두려움을 없애주지는 않는다. 하지만 두려움을 넘어설 수 있는 다리를 놓아준다. 그리고 그 다리를 건너는 순간, 우리는 성장한다.

A학생이 처음 교탁에 섰던 날, 나는 한 가지 확신을 얻었다. AI는 지식 전달의 도구일 뿐 아니라, 인간의 잠재력을 깨우는 심리적 파트너라는 것이다.

AI와 인간이 함께 푸는 창의적 문제해결

나는 늘 학생들에게 이렇게 말하곤 한다.

"정답을 찾는 것은 기계가 더 잘한다. 그러나 정답을 넘어서 새로운 질문을 만드는 것은 인간만이 할 수 있다."

실제로 수업에서 AI를 활용할 때 가장 놀라운 순간은, 학생들이 AI가 못 주는 답을 스스로 만들어내는 장면을 목격할 때이다.

AI에게 질문을 던지다

어느 날 수업에서 나는 학생들에게 이런 문제를 던졌다.

"만약 여러분이 중소기업의 인사 담당자라면, GPT를 활용해 어떤 방식으로 신입사원의 적응 프로그램을 만들겠니까?"

학생들은 우선 ChatGPT에게 질문을 던졌다. AI는 빠르게 전통적인 온보딩 프로그램 요소를 나열했다. 조직 문화 소개, 팀 빌딩 활동, 직무 교육, 멘토링 제도 같은 것을 상세하게 제시했다.

학생들은 고개를 끄덕였지만, 곧 내게 물었다.

"교수님, 이게 다 좋은데, 뭔가 새롭지는 않은 것 같아요."

나는 웃으며 대답했다.

"그러면. 이제 너희가 AI를 넘어서 창의적 답을 붙여보자."

인간의 해석이 붙을 때

한 학생이 손을 들었다.

"AI가 말한 멘토링을 조금 바꿔서, 신입사원이 멘토가 아닌 동기들끼리 서로 코치를 해주는 시스템을 만들면 어떨까요? 서로의 강점을 기록해 공유하는 거죠."

또 다른 학생은 덧붙였다.

"AI가 제안한 '팀 빌딩 활동'을 그냥 쓰지 말고, ChatGPT에게 우리 회사 산업에 맞는 시뮬레이션 게임을 만들어달라고 하면 더 실감 날 것 같아요."

나는 그 순간 깨달았다. AI가 만든 틀 위에서 인간이 해석을 붙이자, 단순한 답이 새로운 아이디어로 변모하고 있었다.

창의적 문제해결의 힘

AI는 '가능한 답'을 주는 데 탁월하다. 하지만 '적절한 답'을 고르고, '새로운 답'을 만들어내는 과정은 여전히 인간의 몫이다.

내 수업에서 학생들은 이렇게 배웠다.

- AI는 기초 자료와 패턴을 제공한다.
- 인간은 맥락과 감정을 입힌다.
- 둘이 합쳐져 창의적 해결책이 된다.

발표 준비 과정에서 학생들이 "발표 공포증 극복법"을 ChatGPT에 물었을 때, AI는 호흡법·리허설·자기 암시 같은 일반적인 답을 주었다. 하지만 학생들은 여기에 자신들의 경험을 더했다.

"발표 전, 친구들이 ChatGPT로 만든 질문을 던져주고, 내가 그걸 받아서 즉흥적으로 답하는 연습을 하면 훨씬 실전 감각이 올라가는데."

그 결과, AI가 준 교과서적 방법은 살아 있는 **체험 기반 훈련법**으로 바뀌었다.

창의성은 '결핍'에서 온다

나는 학생들에게 자주 강조한다.

"너희가 가진 결핍과 불안은 오히려 창의성의 씨앗이다."

AI는 언제나 논리적이고 완결된 답을 주려 한다. 그러나 학생들의 불안, 부족한 경험, 그리고 엉뚱한 질문이 새로운 해법을 만든다.

한 번은 학생이 이렇게 물었다.

"교수님, 만약 회사에서 GPT가 내 보고서를 다 써준다면, 저는 뭘 해야 하나요?"

나는 대답했다.

"GPT가 보고서를 써줄 수는 있다. 하지만 그 보고서를 **어떤 맥락에서 왜 써야 하는지**를 정의하는 건 네 역할이다. 문제를 정의하는 자리가 곧 리더의 자리다."

학생은 잠시 생각하더니 웃으며 말했다.

"그럼 저는 AI에게 '무엇을 쓸까'보다 '왜 써야 하나'를 물어보면 되겠네요."

바로 그것이 창의적 문제해결의 시작이다. 당신도 AI에게 질문을 던지고 실망한 적이 있는가? "별다른 게 없네. 다 아는 얘기잖아." 하고 고개를 저었던 순간 말이다.

그때 필요한 것은 AI를 끄는 것이 아니라, **AI가 준 답 위에 당신의 해석을 얹는 것이다.**

- AI는 틀을 주고,
- 당신은 의미를 채우며,
- 둘은 함께 창의적 해결책을 완성한다.

AI는 결코 인간의 창의성을 빼앗지 않는다. 오히려 인간이 가진 불안, 경험, 감정, 그리고 해석을 더 돋보이게 하는 거울이 된다.

A학생이 발표 공포증을 이겨냈던 것도, 동료들이 새로운 온보딩 아이디어를 떠올렸던 것도 모두 같은 원리다. AI는 길을 보여주고, 인간은 그 길에 색을 입힌다.

나는 이제 확신한다. AI와 인간은 경쟁자가 아니라 공동 창작자다.

문제를 푸는 방식도, 해답을 내는 과정도 혼자였다면 상상조차 못했을 풍경들이, 두 존재가 협력할 때 비로소 가능해진다.

그리고 그 협력의 첫걸음은 단순하다. AI에게 질문을 던지고, 그 답 위에 당신의 이야기를 덧붙여라.

그 순간, 평범한 답은 창의적 해법으로 바뀌고, 당신의 인생 또한 새로운 가능성의 문을 열게 될 것이다.

미래 인재가 갖춰야 할 진짜 경쟁력

나는 요즘 학생들에게 자주 이런 질문을 던진다.
"앞으로 10년 뒤, 여러분은 어떤 경쟁력으로 일하고 있을까요?"
대부분의 학생들은 이렇게 대답한다.
"영어를 잘해야죠."
"프로그래밍 같은 디지털 기술이요."
"AI 활용 능력이겠죠."
틀린 답은 아니다. 그러나 나는 고개를 젓곤 한다.
"그건 AI도 이미 잘하는 것들입니다. 진짜 경쟁력은 다른 데 있습니다."

AI가 못하는 것에서 답을 찾다

나는 금융 현장에서 40년을 일했다. 숫자와 데이터, 보고서와 지표

속에서 살아왔다. 그러나 지금 돌아보면, 내가 성과를 냈던 순간은 언제나 **사람과의 대화, 감정의 연결, 의미 있는 질문**에서 비롯되었다.

AI는 분명히 인간보다 빠르게 계산하고, 더 많은 정보를 기억하고, 더 정확한 예측을 할 것이다. 하지만 AI는 아직도 '맥락'을 해석하는 데 서툴다. 그리고 사람을 '진짜 사람'으로 느끼고 공감하는 능력은 여전히 인간의 몫이다.

그래서 나는 학생들에게 이렇게 말한다.

"미래 인재의 진짜 경쟁력은 AI를 넘어서는 능력, 즉 **질문력·해석력·공감력·실행력**이다."

1) 질문력 - AI를 성장시키는 힘

내 수업에서 학생들이 ChatGPT를 처음 쓸 때 가장 많이 하는 실수는 **명령어처럼 질문하는 것**이다.

"이거 정리해줘."

"보고서 써줘."

그러면 AI는 그저 피상적인 답을 내놓는다.

그러나 질문을 바꿔 던지면 상황이 달라진다.

"우리 회사가 처한 위기 상황에서 직원들의 사기를 높일 수 있는 독창적 방법을 5가지 제안해줘."

이렇게 질문하면 AI는 단순한 요약이 아니라, 사고의 범위를 넓히고 창의적 대안을 제시한다. 질문은 AI의 성능을 결정하는 열쇠다. 결국 질문하는 사람이 AI시대를 이끌어 갈 수 있다.

2) 해석력 - 데이터 뒤에 숨은 진짜 의미

AI는 방대한 데이터를 기반으로 답을 준다. 그러나 그 데이터가 어떤 맥락에서, 어떤 의미로 쓰여야 하는지는 인간이 해석해야 한다.

한 번은 학생들에게 경제 지표를 보여주며 ChatGPT에게 분석을 시켜보게 했다. AI는 정확히 "성장률은 몇 %, 실업률은 몇 %"라고 나열했다. 그런데 거기서 끝나면 아무 의미가 없다.

나는 학생들에게 물었다.

"이 숫자가 **사람들의 삶에 어떤 영향을 주는가?**"

그 순간 학생들은 토론을 시작했다.

"실업률이 높아지면 청년 세대의 불안이 커지고, 소비가 위축돼 악순환이 생깁니다."

"성장률이 낮아도 만약 복지 제도가 뒷받침된다면 체감 삶의 질은 달라질 수 있겠죠."

바로 그것이 해석력이다. 미래 인재는 데이터를 그대로 받아들이는 데서 그치지 않고, **숫자 너머의 맥락과 사람의 이야기를 읽어낼 수 있어야 한다.**

3) 공감력 - AI가 흉내낼 수 없는 영역

나는 오랫동안 리더로 일하면서 깨달았다. 사람은 **이해받을 때 움직이고, 공감받을 때 헌신한다.**

AI는 고객의 행동 패턴을 예측할 수 있다. 하지만 고객의 불안한 눈빛을 읽어내고, 직원의 표정에 담긴 피로를 알아차리는 것은 인간 리더만의 몫이다.

　수업 중 한 학생이 "교수님, AI가 우리를 대체하지 않느냐"고 묻자, 나는 이렇게 답했다.

　"AI가 네 자리를 대신할 수는 있다. 하지만 AI가 네 친구의 눈물을 닦아줄 수는 없다. 네 동료의 마음을 이해하고 그를 움직이게 하는 건 사람만이 할 수 있다."

　앞으로의 시대일수록 공감력은 **조직을 묶고, 사회를 지탱하는 가장 강력한 힘**이 될 것이다.

4) 실행력 - 생각을 현실로 만드는 힘

　AI는 무수히 많은 아이디어를 던져준다. 그러나 그것을 실제로 실행하는 것은 인간의 몫이다. 나는 늘 학생들에게 말한다.

　"아이디어가 열이면, 실행은 단 하나라도 좋다. **중요한 건 해보는 것이다.**"

　AI와의 협업은 마치 거대한 브레인스토밍 같다. 하지만 실행하지 않으면 아무 의미가 없다. 작은 실험을 해보고, 실패하면 다시 시도하고, 그 과정에서 배운 교훈을 팀과 나누는 것. 바로 이 실행력이 미래 인재를 차별화한다.

나의 교훈, 그리고 학생들에게 전하고 싶은 말

　돌아보면, 실직의 충격을 겪었을 때 질문·해석·공감·실행 네 가지를 붙잡고 살아남았다.

- "이 실패의 의미는 무엇일까?" 질문했고,
- 도서관에서 책을 읽으며 상황을 해석했고,
- 가족과 제자들과 공감하며 마음을 다잡았고,
- 작게라도 행동하며 새로운 길을 열어왔다.

그 경험이 있었기에 나는 지금 학생들에게 말할 수 있다.
"AI 시대에도 변하지 않는 진짜 경쟁력은 사람에게 있다. 그것은 바로 질문력, 해석력, 공감력, 실행력이다."
지금 이 글을 읽는 당신도 AI가 빠르게 발전하는 현실 앞에서 불안을 느낄 수 있다.
"내 일자리가 사라지는 건 아닐까?"
"나는 AI만큼 잘할 수 있을까?"
그러나 걱정할 필요 없다. AI는 **당신의 동료**이지, 적이 아니다. AI는 당신이 더 좋은 질문을 던지고, 더 깊이 해석하며, 더 진하게 공감하고, 더 과감하게 실행하도록 돕는 도구다.
앞으로 10년 뒤, 어떤 사람이 가장 필요할까? 나는 확신한다. 그것은 **기계와 함께 문제를 풀되, 사람을 중심에 두는 인간**이다. 그리고 그 시작은 오늘 당신이 던지는 하나의 질문, 하나의 행동에서 시작된다.

5장

AI 시대,
변하는 것과 변하지 않는 것

40년 금융인생이 말하는 성공의 본질

그동안 금융 시장은 상상할 수 없을 만큼 변했다. 전표를 손으로 쓰던 시절부터, 온라인 뱅킹이 시작되고, 모바일 뱅킹이 일상화되기까지 모든 변화를 현장에서 지켜보았다. 그리고 지금은 ChatGPT 같은 AI가 금융의 미래를 다시 쓰고 있다.

이 긴 시간 동안 나는 수많은 기술의 등장을 경험했다. 그러나 한 가지는 확실히 깨달았다. **변화는 늘 있지만, 성공의 본질은 변하지 않는다.**

변하는 것: 기술과 도구

내가 처음 은행에 들어갔을 때, 고객이 통장을 들고 창구 앞에 줄을 서는 것이 일상이었다. 우리는 하루 종일 도장을 찍고 숫자를 맞추느라 정신이 없었다. 지금 생각하면 믿기 어려운 아날로그 세상이다.

하지만 불과 몇십 년 만에 세상이 달라졌다. 인터넷 뱅킹이 나오자

창구는 한산해졌다. 스마트폰이 보급되자 사람들은 손 안에서 모든 금융 업무를 처리했다. 이제는 AI가 고객 상담을 대신하고, 신용 평가도 자동화하고 있다.

변하지 않을 것 같던 금융 서비스조차 기술이 바꾸어 놓은 것이다. 그래서 나는 늘 직원들에게 말했다.

"도구는 계속 바뀐다. 그러나 도구는 본질이 아니다."

변하지 않는 것: 신뢰와 사람

은행이 은행인 이유는 단 하나, **신뢰** 때문이다. 고객이 자신의 돈을 맡길 수 있는 이유는 기술 때문이 아니라, 그 뒤에 있는 사람과 조직을 믿기 때문이다.

나는 지점장을 하던 시절, 수많은 고객을 만났다. 어떤 고객은 상품 설명보다 내 눈빛을 보고 계약을 결정했다. 또 어떤 고객은 숫자 계산보다 내가 그의 고민을 얼마나 진심으로 들어주느냐를 더 중요하게 여겼다.

아무리 시스템이 좋아도, **사람이 신뢰를 잃으면 거래는 끊긴다.** AI 시대에도 마찬가지다. 고객이 챗봇을 쓰는 것은 편리해서이지, 그것이 따뜻해서가 아니다. 결국 마지막에 고객의 마음을 붙잡는 것은 사람의 진심이다.

성공의 본질: 원칙을 지키는 것

나는 금융 현장에서 수없이 많은 위기를 겪었다. IMF 외환위기, 카드 대란, 글로벌 금융위기까지, 그때마다 수많은 사람들이 흔들렸다. 그러나 그 위기 속에서도 살아남은 사람과 조직에는 공통점이 있었다. 바로 원칙을 지킨다는 것이다.

- 고객에게 거짓말하지 않는 원칙
- 약속을 어기지 않는 원칙
- 단기 이익보다 장기 신뢰를 우선하는 원칙

이 원칙들은 기술이 아무리 발전해도 변하지 않는다. 오히려 AI 시대일수록 더 중요해진다. 왜냐하면, 정보가 너무 많아져 진짜와 가짜를 구분하기 어려운 시대이기 때문이다. 결국 원칙을 지키는 사람과 조직만이 신뢰를 얻고 살아남는다.

AI 시대, 내가 학생들에게 전하는 조언

요즘 나는 학생들에게 AI 이야기를 자주 한다. 학생들은 두려움을 말한다.

"교수님, AI가 제 일을 다 뺏어가면 어떡하죠?"

그럴 때마다 나는 이렇게 대답한다.

"AI가 바꿀 수 있는 건 방법이지, 본질이 아니다."

AI는 당신 대신 보고서를 쓰고, 데이터를 분석해줄 것이다. 그러나 그것이 고객의 마음을 대신 얻어주지는 못한다. AI는 당신에게 수십 개의 전략을 제안할 수 있다. 그러나 그것이 옳은 길을 선택하는 용기와 책임을 대신할 수는 없다. 결국 미래 인재가 해야 할 일은 단순하다. AI와 협력하되, 사람을 잊지 않는 것이다.

내 경험에서 나온 결론

회사가 무너지는 순간에도, 그때마다 나를 일으켜 세운 것은 기술이 아니라, **사람과의 신뢰**였다.

- 힘들 때 옆에서 손을 잡아준 동료,
- 나를 믿고 다시 기회를 준 조직,
- 그리고 포기하지 말라고 응원해준 가족.

이들이 있었기에 나는 다시 시작할 수 있었다. 그리고 지금은 AI라는 새로운 변화를 두려움이 아니라 기회로 받아들일 수 있다.

당신도 AI 시대를 두려워하는가?

"내 직업이 사라지는 건 아닐까?"

"나는 시대에 뒤처지지 않을까?"

그러나 걱정할 필요는 없다. **기술은 늘 변하지만, 성공의 본질은 변하지 않는다.** 그 본질은 바로 사람, 신뢰, 그리고 원칙이다. AI 시대에도 성공하는 사람은 결국 똑같다.

- 신뢰를 주는 사람
- 원칙을 지키는 사람
- 사람을 먼저 보는 사람

나는 40년 금융 인생을 걸고 말할 수 있다.
"AI는 도구일 뿐이다. 진짜 성공을 만드는 것은 언제나 사람이다."

데이터는 읽되, 사람을 보라

　은행에서 지점장을 하던 시절, 내 책상 위에는 늘 수많은 데이터가 올라왔다. 대출 잔액, 연체율, 예금 유치 실적, 고객 만족도 지표까지… 하루에도 몇 번씩 수치와 그래프를 들여다보아야 했다.
　데이터는 분명 중요했다. 숫자는 냉정했고, 거짓말을 하지 않았다. 하지만 나는 곧 깨달았다. **데이터만으로는 결코 현장의 진실을 다 알 수 없다는 사실을** 말이다.

숫자 뒤에 숨어 있는 이야기

　한 번은 이런 일이 있었다. 어느 날 보고서에 작은 거래처의 대출 연체가 발생했다는 기록이 올라왔다. 데이터만 보면 "위험 신호"였다. 규정대로라면 즉시 강력한 회수 절차를 밟아야 했다.
　그런데 나는 직접 고객을 불러 이야기를 들어보기로 했다. 그는 작은 공장의 사장이었는데, 그날 내 앞에서 울먹이며 말했다.

"지점장님, 이번 달만 넘기면 괜찮아집니다. 원청에서 대금이 밀려서 그렇지, 다음 달이면 정상화됩니다. 직원들 월급은 어떻게든 챙기려고 했는데, 은행에까지는 못 맞췄습니다."

그 순간 나는 숫자만 본 내 시선이 얼마나 좁았는지 깨달았다. 데이터는 연체율이라는 사실만 보여주었지만, **사람의 목소리와 표정은 그 사실의 맥락을 보여주었다.** 나는 본사에 보고를 올려 일시적으로 유예를 요청했고, 한 달 후 그 공장은 정상화되었다. 그 사장은 몇 년 뒤 우리 은행의 충실한 VIP 고객이 되었다.

지금은 AI가 데이터를 더 정밀하게 분석한다. 고객의 소비 패턴을 읽어 맞춤형 상품을 제안하고, 리스크 요인을 조기에 감지한다. 은행뿐 아니라 모든 산업에서 데이터 기반 의사결정은 필수가 되었다.

그러나 여기서 나는 또 한 번 강조하고 싶다.

"데이터는 방향을 알려줄 수 있지만, 길을 걸어가는 것은 결국 사람이다."

AI는 패턴을 잡아내지만, 그 패턴이 왜 생겼는지, 그 뒤에 어떤 감정이 있는지까지는 알지 못한다. 고객이 왜 특정 시점에 대출을 상환하지 못했는지, 직원이 왜 성과를 내지 못했는지는 데이터만으로는 해석이 불완전하다.

진짜 리더는 사람을 본다

나는 오랫동안 리더로서 깨달았다.

"데이터를 읽는 눈과 사람을 보는 눈을 동시에 가져야 한다."

한번은 본사에서 '성과가 낮은 직원 리스트'가 내려왔다. 그중에는 내가 잘 아는 직원도 있었다. 그는 성실하고 책임감이 강했지만, 그해 성과 수치가 바닥을 찍었다.

나는 그를 불렀다. 처음에는 아무 말도 하지 못하던 그가 결국 눈시울을 붉히며 말했다.

"지점장님, 어머니가 아프셔서 몇 달간 병원에 붙어 있었어요. 고객 관리가 소홀해질 수밖에 없었습니다."

만약 내가 데이터를 근거로 그를 무능하다고 단정지었다면, 우리는 좋은 직원을 잃었을 것이다. 사람을 보고 그의 상황을 이해했기에, 그는 다시 기운을 내어 돌아왔고, 몇 년 후 우수 직원으로 뽑히기도 했다.

데이터와 사람을 연결하는 법

AI 시대에 우리가 해야 할 일은 단순하다. **데이터를 읽되, 사람을 보라.**

- 데이터는 '무슨 일이 일어났는가'를 알려준다.
- 사람은 '왜 그런 일이 일어났는가'를 알려준다.
- 둘을 연결해야만 진짜 해답을 얻는다.

AI가 직원의 성과 데이터를 분석해 "성과가 낮다"고 진단할 수 있다. 그러나 그 뒤에 있는 인간적인 사정, 동기부여의 부족, 팀 내 갈등은 리더가 직접 눈과 귀로 확인해야 한다.

당신은 요즘 데이터를 맹신하지는 않는가? 매출 그래프, KPI 지표, 고객 만족도 조사… 숫자가 좋아 보이면 안심하고, 나쁘면 불안해하며 의사결정을 내리고 있지는 않은가?

데이터는 중요하다. 그러나 그것만으로는 부족하다. **데이터는 지도이고, 사람은 길이다.** 지도만 보고는 결코 목적지에 도달할 수 없다. 길 위에서 만나는 사람들의 표정, 숨결, 이야기 속에 진짜 해답이 있다.

나는 40년 금융 인생에서 숫자와 씨름했지만, 결국 성공을 만든 것은 숫자가 아니라 사람이었다. AI 시대에도 마찬가지다. 데이터가 쏟아지고, AI가 수십 개의 대안을 제시해도, 마지막 결정을 내리는 건 결국 사람이다.

그러니 기억하라. **데이터는 읽되, 반드시 사람을 보라.** 그 눈을 가진 사람만이 AI 시대에도 흔들리지 않는 리더가 될 것이다.

ChatGPT와 함께하는 전략적 의사결정

나는 지점장을 하면서 수없이 많은 의사결정을 내려야 했다. 대출을 승인할 것인가, 신규 지점을 열 것인가, 적자 부서를 살릴 것인가…. 그때마다 수많은 데이터와 보고서를 받아들고, 동료들과 밤늦도록 토론하곤 했다.

지금 돌아보면, 그 과정은 무겁고 느렸지만 동시에 안전망이었다. 다양한 관점을 듣고, 자료를 검토하면서 우리는 '최선'은 아니더라도 '최악은 피하는' 선택을 할 수 있었다.

그런데 지금은 상황이 달라졌다. ChatGPT 같은 AI가 등장하면서, **의사결정의 속도와 방식 자체가 바뀌고 있다.**

AI가 주는 첫 번째 이점: 시나리오 확장

예전에는 새로운 전략을 고민하려면 보고서를 주문하고, 전문가 자문을 받아야 했다. 몇 주, 길게는 몇 달이 걸렸다. 하지만 지금은 ChatGPT에게 질문을 던지면 10분 안에 시나리오가 나온다.

학생들과 "지역 소상공인을 위한 금융 지원 전략"을 토론할 때, 나는 ChatGPT에게 이렇게 물었다.

"소상공인 대상 맞춤형 금융 지원 프로그램의 글로벌 사례를 알려 줘."

순식간에 미국의 커뮤니티 뱅킹 모델, 일본의 마이크로 파이낸스 제도, 유럽의 스타트업 지원 사례까지 정리해 주었다. 그 덕분에 학생들은 단순한 추측이 아니라, **다양한 시나리오를 놓고 비교·분석하는 전략적 사고**를 할 수 있었다.

그러나, 답이 아니라 '출발점'

하지만 중요한 건 여기서 끝이 아니라는 점이다. ChatGPT가 던져준 시나리오는 어디까지나 **출발점**이다.

나는 학생들에게 이렇게 말한다.

"AI가 제시한 답을 곧이곧대로 받아들이면 여러분은 그저 기계의 부속품이 된다. 그 답을 비틀고, 의심하고, 수정하는 과정에서 비로소 전략이 완성된다."

실제로 학생들이 AI가 내놓은 모델을 그대로 가져와 적용했을 때는 항상 허점이 있었다. 그러나 "한국의 현실에서는 이게 작동할까?", "우리 회사 상황에선 어떤 변수가 있을까?" 하고 질문을 더했을 때, 전략은 훨씬 구체적이고 실행력 있는 계획으로 바뀌었다.

전략적 의사결정의 본질

내가 오랫동안 배운 교훈은 이것이다. 의사결정의 본질은 '정보 수집'이 아니라 '방향 설정'이다.

AI는 수십 개의 정보를 순식간에 모아준다. 그러나 그중 무엇을 선택할지는 여전히 리더의 몫이다. 숫자와 보고서, 심지어 AI가 내놓은 답까지도 참고자료일 뿐, 최종 결정은 리더의 철학과 원칙에서 나온다.

나는 늘 "원칙을 지켜야 한다"고 말해왔다.

- 고객 신뢰를 잃지 않는가?
- 장기적으로 조직에 도움이 되는가?
- 단기 성과에 급급하지 않는가?

이 질문에 "예"라고 답할 수 있다면, 그것이 올바른 결정이었다.

ChatGPT를 쓰는 나만의 방식

나는 지금도 새로운 프로젝트를 시작할 때 ChatGPT를 쓴다. 그러나 단순히 답을 얻는 용도가 아니라, **전략적 사고를 확장하는 파트너**로 활용한다.

- 먼저, 내가 가진 문제를 AI에게 설명한다.
- AI가 제시하는 다양한 시나리오를 받는다.
- 그중 실행 가능성이 높은 몇 가지를 추려 학생들과 토론한다.

- 마지막으로, 내 경험과 원칙을 대입해 최종 선택을 한다.

이 과정을 거치면, 혼자 생각했을 때보다 훨씬 풍부한 전략적 그림을 얻을 수 있다. 당신도 중요한 결정을 앞두고 있지 않은가? 사업 방향, 투자 여부, 커리어 선택…. 그럴 때 ChatGPT를 열어 물어보라.

"이 상황에서 가능한 선택지를 5가지 제시해줘."

그러면 당신은 분명 새로운 관점을 얻게 될 것이다.

하지만 거기서 멈추지 마라. AI의 답을 그대로 따르는 것이 아니라, **당신만의 철학으로 걸러내야 한다.** 그 철학은 결국 경험과 원칙에서 나온다.

나는 AI가 주는 전략적 의사결정을 두려워하지 않는다. 오히려 반갑다. 왜냐하면 AI는 내가 미처 보지 못한 시야를 열어주기 때문이다. 그러나 그 시야 위에서 길을 고르는 것은 언제나 나 자신, 인간의 몫이다. AI는 전략의 '도우미'일 뿐, 전략의 '주인'은 사람이 되어야 한다.

"AI와 함께 전략을 짜라. 그러나 AI에게 전략을 맡기지는 마라.
최종 결정은 언제나 너희의 눈빛과 철학 속에서 나와야 한다."

10년 후에도 필요한 사람이 되는 법

"회사가 나를 버릴 수는 있어도, 나를 완전히 무가치하게 만들 수는 없다."

10년 뒤에도, 20년 뒤에도, 나는 여전히 누군가에게 필요한 사람이 될 수 있다는 믿음이 나를 다시 일어서게 했다. 그리고 지금, AI가 모든 산업을 뒤흔드는 시대에 나는 다시 같은 질문을 스스로에게 던진다.

"10년 후에도 나는 필요한 사람일까?"

기술이 아니라 태도가 미래를 결정한다

많은 이들이 말한다. "AI가 다 하니까 우리는 필요 없어질 거예요." 하지만 나는 동의하지 않는다. AI는 일을 대신할 수 있지만, **사람의 태도와 신뢰는 대체할 수 없다.**

내가 만난 성공한 사람들의 공통점은 기술이 아니라 태도였다.

- 변화를 두려워하지 않고 배우려는 태도
- 실수를 인정하고 고치는 태도
- 타인의 어려움을 함께 짊어지려는 태도

이 태도는 세상이 아무리 변해도 여전히 가치를 만들어 낸다.

결국, 배우는 사람만이 살아남는다. 나는 IMF 외환위기 직후, 40대 중반에 다시 공부를 시작했다. 도서관에 앉아 경제학, 경영학 책을 읽으며 무너진 자존심을 붙잡았다.

그때 깨달았다. 배우는 사람은 결코 낡지 않는다. 지식이 아니라 배움의 자세가 사람을 새롭게 만든다. 지금도 마찬가지다. 학생들과 함께 수업에서 ChatGPT를 실험하면서 나는 그들에게 이렇게 말한다.

"내가 70이 넘어도 여러분과 함께 배우고 있다. 그러니 여러분도 30대, 40대가 되어도 배우는 걸 멈추지 마라. 그게 10년 후에도 필요한 사람이 되는 비밀이다."

관계를 이어가는 사람이 필요하다

금융인으로서 40년간 일하면서, 알게 된 것은 가장 값진 자산은 인맥이 아니라 **관계**였다. 인맥은 필요할 때만 찾는 연결이지만, 관계는 서로의 삶에 발자국을 남기는 동행이다.

10년 후에도 필요한 사람은 네트워크를 넓힌 사람이 아니라, 관계를 깊게 맺은 사람이다.

- 어려울 때 곁을 지켜주는 동료
- 진심을 나눌 수 있는 고객
- 함께 성장하려는 제자들

이 관계가 나를 다시 일으켜 세웠고, 지금도 내 강의실을 채우는 힘이 되었다.

원칙을 지키는 사람은 반드시 쓰인다

AI 시대일수록 세상은 속도가 빨라지고, 효율만을 따지려 한다. 그러나 속도가 빠를수록 사람들은 불안해진다. 그 불안을 붙잡아주는 것은 원칙을 지키는 사람이다.

나는 직원들에게 늘 말했다.

"실적은 바뀌어도 원칙은 바꾸지 마라."

거짓말하지 않는 것, 약속을 지키는 것, 신뢰를 쌓는 것. 이 단순한 원칙이 결국 사람을 오래 쓰이게 만든다. 10년 후에도, 원칙을 지키는 사람은 조직과 사회가 반드시 필요로 한다.

지금 당신은 불안한가?

"AI가 내 일을 빼앗으면 나는 어떻게 살아남지?"

"10년 후에도 나는 가치 있는 사람일까?"

그렇다면 이 세 가지를 기억하라.

- **배움**: 새로운 것을 두려워하지 말고 계속 배우라.

- **관계:** 넓히기보다 깊게 이어가라.
- **원칙:** 어떤 상황에서도 지켜야 할 가치를 흔들지 마라.

AI는 기술을 대신할 수 있어도, 배움·관계·원칙은 결코 대신할 수 없다. 나는 실직하며 바닥을 맛보았지만, 지금은 다시 교단에 서 있다. 그때 나를 일으켜 세운 것도, 지금 나를 학생들 앞에 세우는 것도, 결국 **사람으로서의 가치**였다.

그래서 나는 확신한다. 10년 후에도, 20년 후에도 필요한 사람은 기술자가 아니라, **배움을 멈추지 않고, 관계를 이어가며, 원칙을 지키는 사람**이다. 그런 사람이 되는 것, 그것이 AI 시대에도 흔들리지 않는 생존 전략이며, 진짜 성공의 길이다.

경력단절도 기회가 되는 AI 활용법

나는 은행이라는 울타리에서 잘려나온 순간, 나는 내 경력이 단절되었다고 생각했다. 다시는 예전처럼 돌아갈 수 없을 거라는 두려움이 엄습했다. 그 공허한 6개월 동안, 나는 스스로를 끝난 사람이라 불렀다. 그러나 시간이 지나 보니, 그때의 단절은 '끝'이 아니라 '새로운 시작'이었다.

이제 나는 AI 시대를 살아가는 학생들과 후배들에게 말하고 싶다.

"경력단절은 누구에게나 찾아올 수 있지만, AI 시대에는 그것이 오히려 기회가 될 수 있다."

단절은 누구에게나 온다

경력단절은 특정 세대나 상황에만 있는 것이 아니다.

- 육아로 일을 그만두는 경우,
- 병이나 가족의 돌봄으로 휴직하는 경우,
- 구조조정이나 업계 변화로 퇴직하는 경우….

누구나 일의 흐름에서 잠시 멈출 수 있다. 과거에는 이 공백이 큰 약점이 되었다. 이력서에 공백 기간이 있으면 면접관은 의심의 눈초리로 보았다.

"왜 일을 쉬었을까?"

"다시 적응할 수 있을까?"

하지만 지금은 세상이 달라졌다. AI라는 새로운 도구가 있기 때문이다.

AI가 열어주는 재시작의 문

나는 실직 후 도서관에서 책을 붙잡고 살았다. 그 시절에 ChatGPT 같은 도구가 있었다면 얼마나 빨리 다시 일어설 수 있었을까 종종 상상한다.

AI는 이제 단절된 사람들에게 두 가지 강력한 기회를 제공한다.

- 빠른 학습 복원력
  - 과거에는 몇 년을 공부해야 알 수 있던 지식을 AI와의 대화로 단기간에 익힐 수 있다.
  - 새로운 산업 동향, 직무 기술, 해외 사례까지 단 몇 분 안에 확인 가능

하다.

- 실전형 코치 역할
  - 면접 연습, 보고서 작성, 기획 아이디어 발굴…. AI는 24시간 곁에서 피드백을 주는 코치가 된다.
  - 혼자 준비하는 외로움과 막막함을 줄여준다.

경력의 단절을 스스로 메우는 과정이 훨씬 짧아진 것이다. 나는 강의를 하면서 경력단절을 AI로 극복한 사례를 여러 번 보았다.

한 주부는 10년간 육아로 일을 쉬었지만, ChatGPT를 활용해 최신 마케팅 트렌드를 학습했다. 그녀는 작은 온라인 쇼핑몰을 열었고, 1년 만에 안정적인 수익을 냈다. 또 한 직장인은 회사가 도산해 2년간 공백기를 가졌지만, 그동안 AI로 데이터 분석을 독학했다. 결국 그는 새로운 스타트업에서 데이터 담당자로 재취업했다.

이들의 공통점은 명확했다. AI 덕분에 '경력의 단절'이 '새로운 분야로의 전환'이 될 수 있었다는 점이다.

중요한 것은 도구가 아니라 태도

물론 AI만 있다고 기회가 저절로 찾아오지는 않는다. 중요한 것은 태도다. "나는 끝났다"고 스스로 단정짓는 사람에게는 AI도 아무 힘을 발휘하지 못한다.

내가 실직했을 때도 마찬가지였다. 처음에는 스스로를 실패자로 규정했다. 그러나 어느 순간 깨달았다.

"100만 명이 쓰러져도, 가장 먼저 일어서는 사람이 되면 된다."

이 태도가 나를 살렸다. 지금이라면 AI가 그 과정에서 든든한 지팡이가 되어주었을 것이다. 지금 이 글을 읽는 당신이 경력단절 상태에 있는가? 그리고 불안해하며 "나는 이제 늦었다"고 생각하고 있는가?

그렇다면 나는 확신 있게 말할 수 있다.

"AI 시대에는 늦은 시작이 오히려 경쟁력이 된다."

왜냐하면, AI는 당신의 과거 경험과 새로운 배움을 연결해준다. 공백기가 단점이 아니라, 다른 사람은 갖지 못한 '융합적 시각'으로 바뀐다.

- 과거 금융 경험 + AI 분석 = 새로운 금융 전략가
- 육아 경험 + AI 콘텐츠 제작 = 교육 크리에이터
- 영업 경험 + AI 자동화 = 디지털 세일즈 전문가

공백은 더 이상 약점이 아니다. AI와 결합하면 당신만의 강점이 된다. 나는 실직과 단절의 시간을 겪어본 사람으로서 말할 수 있다.

"경력단절은 끝이 아니다. 새로운 전환의 시작이다."

AI는 그 전환을 빠르고 단단하게 만들어주는 도구다.

- 배우고자 하는 사람에게는 교과서가 되고,
- 도전하려는 사람에게는 코치가 되며,
- 다시 시작하는 사람에게는 든든한 동반자가 된다.

이것이 '경험'이 가지는 진짜 힘이다. 한때의 실패와 공백도, 배움의

자세로 바라보면 그 자체가 새로운 성장의 텍스트가 된다.

　삶은 언제나 우리를 가르치고, 그 가르침은 행동할 때 비로소 지혜가 된다.

　그러니 기억하라.
"AI 시대, 경력단절은 약점이 아니라 기회다."
기술은 변하지만, 인간의 가능성은 여전히 확장 중이다.
잠시 멈췄던 시간조차 당신의 내면을 단단히 다듬는 훈련인 것이다.

　당신이 지금 다시 일어설 용기를 낸다면, 그 공백은 결핍이 아니라 당신의 이야기를 더 깊고 빛나게 만드는 서사(敍事)가 될 것이다.
　AI가 세상을 바꾸는 시대, 당신의 긍정'이야말로 새로운 전환의 시작점이다.

6장

모든 세대를 위한 AI 맞춤 전략

10대 학생: 미래를 여는 첫 번째 열쇠

10대 때 무엇을 배우는가가 평생을 결정한다. 나는 10대 시절에 은행 말단 직원으로 사회에 발을 들였다. 그때는 돈을 벌어야 했기에 선택의 여지가 많지 않았다. 하지만 그 시절 배운 작은 습관 하나하나가 내 인생을 바꿔 놓았다.

야간 대학에서 공부를 병행하며 글을 쓰고 숫자를 다루는 법을 익힌 것, 고객 앞에서 웃음을 잃지 않는 법을 배운 것이 결국 나를 지점장까지 이끌었다.

지금의 10대들에게는 나와는 비교할 수 없는 도구가 있다. **AI라는 지렛대**다. 이 시기에 AI를 어떻게 다루느냐에 따라 앞으로의 가능성은 끝없이 달라질 것이다.

AI와 함께하는 공부 습관

나는 학생들에게 "ChatGPT를 교과서 옆에 두라"고 말한다. 10대 때 AI를 단순히 검색창처럼 쓰지 말고, **사고를 확장하는 파트너**로 활용하라는 뜻이다.

역사 시험을 준비할 때 단순히 "조선 시대 왕을 정리해줘"라고 묻는 대신, "세종대왕의 업적이 오늘날 AI 기술 발전과 어떤 연결이 있을까?" 하고 질문해보라.

이런 질문 습관은 단순한 지식 암기가 아니라, **생각하는 힘**을 키운다. 10대 시절에 이런 대화 습관을 들인 학생은 대학에 가서도, 직장에 가서도, 누구보다 빠르게 새로운 문제를 풀어낼 수 있다.

실패를 두려워하지 않는 훈련

AI 시대에 중요한 건 정답을 맞히는 능력이 아니다. 정답은 이미 AI가 알려줄 수 있다. 중요한 건 **틀려보는 용기**다.

나는 학생들에게 이렇게 말한다.

"AI와 대화할 때는 오답을 두려워하지 마라. 오답에서 더 깊은 배움이 시작된다."

10대 때부터 실패를 학습 과정으로 받아들이는 훈련을 한 학생은, 앞으로 수많은 변화를 두려워하지 않고 맞설 수 있다.

내 수업에서 10대 제자 하나가 이렇게 물었다.

"교수님, AI가 다 해주면 저희는 뭘 해야 하나요?"

나는 대답했다.

"AI는 너희 손전등이다. 어둠 속을 비춰주지만, 길을 걸어가는 건 너희 발이다."

그 순간 학생의 눈이 반짝였다. 그는 AI에게 단순히 답을 묻는 대신, 자기의 꿈을 이야기하기 시작했다.

"저는 환경 문제를 해결하는 일을 하고 싶어요. AI를 그쪽에 어떻게 활용할 수 있을까요?"

그 질문 하나가 그의 공부 방향을 완전히 바꿔놓았다.

10대가 갖춰야 할 세 가지 열쇠

나는 지금의 10대들에게 세 가지를 꼭 당부하고 싶다.

- 질문하는 습관
  - 정답을 묻지 말고, 새로운 질문을 던져라.
  - 질문력이 곧 미래의 경쟁력이다.
- 실패를 즐기는 용기
  - 오답도 시도해보고, AI와 함께 수정해 나가는 과정을 즐겨라.
  - 실패는 패배가 아니라 성장의 도구다.
- 사람과의 연결
  - AI와만 대화하지 말고, 친구·선생님·부모와 그 결과를 나눠라.
  - 관계 속에서 배운 AI 활용은 더 깊고 오래간다.

지금 이 글을 읽는 10대 학생이 있는가? "나는 아직 어리다, AI는 어려운 기술이다"라고 생각할지도 모른다.

그러나 그 생각은 틀렸다. **바로 지금이 가장 좋은 시작점이다.** 10대 시절의 작은 습관이 당신의 인생 전체를 바꿀 수 있다.

그리고 부모님, 교사, 어른들에게도 말하고 싶다. 10대가 AI를 단순히 두려움이나 중독의 대상으로 여기지 않도록 도와달라. 대신 미래를 여는 열쇠로 쥐게 하라. 10대 학생이야말로 AI 시대의 첫 번째 열쇠를 쥔 세대다. 그들이 AI와 함께 배우고, 질문하고, 실패를 경험한다면, 10년 후 이 세상을 바꾸는 주인공이 될 것이다.

20대 청년: 불안을 가능성으로 전환하기

나는 지금도 기억한다. 스무 살 무렵, 세상은 불확실함으로 가득 차 있었다. 앞으로 어떤 길을 걸어야 할지, 내가 잘할 수 있는 게 무엇인지, 그리고 실패했을 때 누가 나를 붙잡아줄지 알 수 없었다.

지금의 20대 청년들도 크게 다르지 않다. 오히려 더 불안하다. 세상은 더 빠르게 변하고, 경쟁은 더 치열해졌으며, AI가 등장하면서 "내 일자리가 사라지는 건 아닐까"라는 걱정까지 짊어져야 하기 때문이다.

하지만 나는 이렇게 말하고 싶다. 불안은 약점이 아니라 가능성의 씨앗이다. 불안을 에너지로 전환할 때, 진짜 성장이 시작된다.

불안을 숨기지 말고 직면하라

내가 은행 생활을 시작했을 때, 늘 불안했다. 학벌도 좋지 않고, 집안 형편도 넉넉지 않았다. '내가 과연 여기서 살아남을 수 있을까?' 하는 의문이 머릿속을 떠나지 않았다.

그러나 시간이 지나 깨달았다. **불안을 외면할수록 더 커지고, 직면할수록 작아진다.** 불안을 마주하고 구체적인 질문으로 바꾸는 순간, 그것은 해결 가능한 문제가 된다.

지금의 청년들에게도 말하고 싶다.

"AI가 내 일을 빼앗을까?"라는 막연한 두려움에 사로잡히지 말고, "AI가 내 일을 어떻게 바꿀까?"라는 질문으로 전환하라.

질문으로 전환하는 순간, 불안은 에너지가 된다.

나는 수업 시간에 학생들에게 이런 실습을 시킨다.

"너희가 지금 가장 불안해하는 걸 ChatGPT에게 솔직히 털어놔라."

한 학생이 적었다.

"저는 발표할 때 목소리가 떨려서 사람들이 제 말을 신뢰하지 않을까 봐 걱정돼요."

ChatGPT는 다양한 해결책을 제시했다. 호흡법, 리허설, 목소리 훈련 앱 활용법…. 그런데 진짜 힘이 된 건 단순한 해결책이 아니었다. AI와 대화를 하면서 그 학생은 자기 불안을 객관적으로 바라보게 되었다.

"아, 나만의 문제가 아니구나. 이건 훈련하면 바꿀 수 있는 부분이구나."

불안은 여전히 존재했지만, 더 이상 두려움이 아니라 '할 수 있는 과제'로 변했다.

불안을 가능성으로 바꾸는 3단계

나는 20대 청년들에게 이렇게 조언한다.

- 불안을 인정하라
    - 불안을 감추지 말고 글로 쓰고, AI에게 털어놓아라.
    - 감정이 구체적 언어가 되면 이미 절반은 해결된 것이다.
- 질문으로 전환하라
    - "나는 부족하다" 대신 "어떻게 보완할 수 있을까?"로 바꿔라.
    - AI는 이 질문에 수십 가지 답을 줄 것이다.
- 작은 실천으로 연결하라
    - AI가 제시한 방법 중 하나만 골라 오늘 바로 실행하라.
    - 불안은 '행동' 앞에서만 줄어든다.

어느 날 한 학생이 찾아와 말했다.

"교수님, 저는 취업 준비가 너무 두려워요. 열 번 넘게 떨어졌거든요."

나는 그에게 물었다.

"그 불안을 숫자로 표현하면 몇 점이냐?"

"한 90점이요."

"그럼 그 불안을 줄일 수 있는 방법을 ChatGPT에게 물어보자. 그리고 너는 그중 하나만 해보는 거다."

그는 자기소개서를 AI와 함께 다시 쓰기 시작했다. 문장이 다듬어지자 조금씩 자신감이 생겼고, 면접 연습을 반복하면서 불안은 90점에서

60점, 40점으로 줄어들었다. 마침내 그는 원하는 회사에 합격했다. 그는 내게 이렇게 말했다.

"교수님, 불안이 사라진 게 아니라, 불안이 저를 움직이게 만들었어요."

지금 이 글을 읽는 20대 청년이 있는가? 당신도 아마 불안을 안고 살아갈 것이다. "앞으로 뭐 하지?", "나는 충분할까?", "AI가 날 대체하지 않을까?" 이 불안은 결코 부끄러운 것이 아니다.

불안은 가능성으로 가는 문 앞에 서 있다는 신호다. 문제는 그 문 앞에서 주저앉느냐, 용기 내어 문을 열고 들어가느냐다. AI는 그 문을 여는 데 필요한 작은 열쇠다. 당신의 불안을 객관화시키고, 실행 가능한 선택지를 주며, 다시 도전할 힘을 만들어준다.

AI 시대의 불안은 크지만, 동시에 전례 없는 기회가 숨어 있다. 그러니 기억하라. **불안을 숨기지 말고, 질문으로 바꾸고, 실행으로 전환하라.** 그렇게 한다면, 당신의 불안은 무거운 짐이 아니라 새로운 가능성의 에너지가 될 것이다.

30-40대 중추: 경력에 AI 날개 달기

나는 은행원으로 서류 더미에 파묻혀 숫자와 씨름하던 시간, 고객 앞에서 긴장하며 상담을 이어가던 순간들이 아직도 생생하다. 그때 나는 경력이 곧 자산이라고 믿었다. 오래 버티면 인정받고, 더 많은 경험이 곧 더 큰 힘이 될 거라 생각했다.

그러나 40대 중반에 실직을 겪으면서 깨달았다. **경력은 날개가 될 수도 있지만, 때로는 무거운 짐이 되기도 한다는 것**이다. 새로운 기술과 변화가 밀려올 때, 과거의 방식에만 매달리면 경력은 미래를 막는 장벽이 된다.

지금의 30-40대는 조직에서 핵심을 떠맡고 있는 중추 세대다. 팀을 이끌기도 하고, 후배를 키우기도 하며, 동시에 위로는 성과를 보고해야 하는 위치다. 겉으로 보기엔 가장 안정적인 시기 같지만, 사실 이 세대가 느끼는 불안은 만만치 않다.

"이제 곧 20대, 30대 신세대들이 AI를 무기로 더 빠르게 성장하는데,

나는 뒤처지는 게 아닐까?"

"지금까지의 경력이 AI 앞에서는 아무 소용없는 건 아닐까?"

나는 이 질문이야말로 중추 세대의 현실을 보여준다고 생각한다. 경력은 많은데, 그 무게가 오히려 발목을 잡을 때가 있는 것이다.

경력의 무게를 날개로 바꾸는 법

나는 후배들에게 이렇게 말한다.

"경력은 지식의 총량이 아니라, 새로운 도전을 이어갈 힘이다."

AI 시대에도 마찬가지다. AI는 신입 직원처럼 빠르게 배울 수 있지만, **문제의 본질을 파악하고, 경험으로 해석하며, 상황에 맞게 적용하는 힘**은 경력자가 가진 고유한 강점이다.

즉, AI는 엔진이고, 경력은 조종석이다. 엔진만 있으면 힘은 세지만, 어디로 가야 할지 모른다. 조종석이 있어야 비행은 방향을 찾는다. 중추 세대의 경력은 AI라는 엔진을 제대로 활용할 수 있는 조종석의 역할을 한다.

AI와 결합하는 구체적 방법

나는 강의에서 중추 세대에게 항상 **세 가지 원칙**을 강조한다. AI는 젊은 세대의 언어가 아니라, **세대 간 성장의 도구**이기 때문이다.

- 반복 업무는 과감히 AI에게 위임하라

- 보고서 초안 작성, 데이터 정리, 이메일 작성 같은 일은 AI가 더 빠르고 효율적으로 처리한다.
  - 경력자는 이 시간을 전략적 판단과 리더십 발휘에 써야 한다.
- **경험을 AI에 학습시켜라**
  - 내가 쌓아온 경험과 노하우를 프롬프트에 담아 AI에게 전달하라.
  - 그러면 AI는 단순한 도구가 아니라, 나의 '확장된 후배'로 변한다.
- **AI를 후배와 연결하는 다리로 삼아라**
  - 후배 세대는 AI에 익숙하지만 경험은 부족하다.
  - 경력자는 경험과 통찰을 제공하고, 후배는 AI 활용법을 가르치며, 서로 보완할 수 있다.

내 강의를 들은 한 30대 중반 팀장이 있었다. 그는 늘 보고서 작성에 시달렸다. 매주 수십 장짜리 보고서를 준비하느라 야근이 끊이지 않았다.

그는 ChatGPT를 도입해 초안을 작성하고, 자신은 내용을 보완하며 전략적 관점을 덧붙였다. 처음에는 어색했지만, 점차 속도가 붙더니 보고서 작성 시간이 절반으로 줄었다. 그렇게 확보한 시간으로 그는 팀원들과 더 많은 대화를 나눴고, 결국 팀 성과는 두 배로 뛰어올랐다.

그는 내게 말했다.

"교수님, AI 덕분에 제 경력이 다시 빛나기 시작했습니다. 예전엔 보고서에 묻히는 관리자였는데, 이제는 사람을 키우는 리더가 된 것 같습니다."

이 경험을 통해 나는 확신했다. AI는 경력을 대체하는 것이 아니라,

경력에 날개를 달아준다는 사실이다.

불안을 기회로 바꾸는 태도

30-40대 중추 세대가 반드시 기억해야 할 것이 있다. AI는 두려움의 대상이 아니라, 내 경험을 더 멀리 보내주는 도구라는 것이다.

내가 IMF 시절 실직의 충격 속에서 다시 일어설 수 있었던 건, 위기를 "내가 가장 먼저 일어서는 기회"로 본 태도 덕분이었다. 지금의 중추 세대도 마찬가지다. AI라는 거대한 변화 앞에서 움츠리면 경력은 무겁고 답답한 짐이 된다. 그러나 "내 경력을 더 멀리 날려줄 수 있는 날개"라고 믿는 순간, AI는 가장 든든한 동료가 된다.

지금 30-40대 중추 세대가 기억해야 할 것은 단 하나다. AI는 당신의 경력을 대체하지 않는다. AI는 당신의 경력에 날개를 달아준다. 이 믿음을 가지고 오늘 당장 작은 변화부터 시작하라.

보고서 작성에 AI를 활용하든, 회의 준비에 AI를 동참시키든, 작은 시도가 당신의 경력을 짐이 아니라 날개로 만들어줄 것이다.

50대 리더: 경험과 기술의 황금 시너지

나는 50대에 접어들며 자주 스스로에게 물었다.

"내 경험은 아직 가치가 있는가? 아니면 시대에 뒤처진 낡은 흔적인가?"

실직을 겪고, 다시 자리 잡으며, 오랜 금융인의 길을 걸어온 나로서는 경험이 나를 지탱하는 든든한 뿌리였다. 그러나 AI 시대를 맞으며 그 뿌리만으로는 더 이상 충분하지 않다는 것도 깨달았다. 경험이 아무리 깊어도, 변화하는 세상을 따라잡을 '속도'가 없다면 리더십은 무너진다.

경험만으로는 부족하다

나는 50대 리더들이 흔히 빠지는 함정을 잘 알고 있다.

"내가 다 해봐서 안다."

"AI가 뭘 알겠나. 결국 사람은 경험으로 움직인다."

나도 한때 그렇게 생각했다. 그러나 한 프로젝트에서 뼈아픈 교훈을 얻었다. 회사의 재무 구조를 바꾸는 중요한 회의에서 나는 과거 경험을 근거로 의사결정을 내렸다. 하지만 이후 AI 분석팀이 가져온 데이터는 전혀 다른 시그널을 보여주었다. 결과적으로 내 판단은 2년 뒤에 커다란 리스크로 돌아왔다.

그때 나는 절실히 느꼈다. **경험은 방향을 제시하지만, 미래를 예측하는 데는 한계가 있다.** 변화의 속도는 AI가 더 빠르게 감지한다.

기술만으로도 부족하다

반대로, 젊은 세대가 AI 기술만 믿고 의사결정을 내리는 모습을 보면서도 한계를 느꼈다. 데이터는 완벽해 보였지만, 실제 시장의 미묘한 흐름을 놓친 경우가 많았다. 나는 30년 넘게 쌓아온 고객과의 관계, 현장의 분위기, 리더들의 표정에서 드러나는 작은 변화들을 통해 '숫자 너머의 진실'을 읽을 수 있었다.

즉, AI의 데이터는 속도를 주지만, 인간의 경험은 맥락과 균형을 준다. 둘 중 하나만으로는 부족하다.

나는 지금의 50대 리더들에게 이렇게 말한다.

"당신의 경험을 버리지 말되, AI와 결합하라. 그것이 황금 시너지다."

구체적으로는 세 가지 원칙이 있다.

- 데이터를 경험으로 해석하라

- AI가 제시하는 수치와 패턴은 단순한 사실이다.
- 리더의 경험은 그것이 의미하는 바를 해석하고, 조직 상황에 맞게 번역하는 힘이다.
- **결정을 AI에게 묻고, 경험으로 조정하라**
  - 나는 중요한 결정을 앞두고 먼저 AI에게 여러 시나리오를 물어본다.
  - 그리고 내 경험을 통해 '이 조직이 감당할 수 있는 길'과 '현실적으로 가능한 해법'을 찾아낸다.
- **후배들에게 AI는 기술, 리더는 경험을 나누라**
  - AI 활용법은 후배들에게 배우고, 리더십의 지혜는 내가 전해준다.
  - 이렇게 서로가 가진 자원을 교환할 때 세대 간 협력은 가장 강력한 에너지를 발휘한다.

실제 장면에서 본 황금 시너지

나는 최근 강의에서 한 50대 임원을 만났다. 그는 늘 "AI는 젊은 사람들의 장난감"이라며 무시했다고 한다. 그러나 조직의 전략 보고서를 준비하면서 GPT를 활용해봤고, 충격을 받았다.

"내가 일주일 동안 끙끙대던 초안을 30분 만에 뽑아내더군요."

하지만 그는 거기서 멈추지 않았다. AI가 작성한 초안에 자신이 25년간 경험한 업계 통찰을 덧붙였다. 보고서는 단순한 데이터 나열이 아니라, 시장의 흐름을 꿰뚫는 전략 문서로 바뀌었다. 결국 그 보고서는 경영진의 큰 결정을 이끌어냈다. 그는 내게 이렇게 말했다.

"교수님, 이제야 알겠습니다. 경험은 방향이고, AI는 엔진입니다. 둘이 만나니 진짜 비행이 가능하네요."

리더의 책임은 더 커졌다

AI 시대에 50대 리더가 맡아야 할 책임은 단순히 성과 관리가 아니다. 조직을 두려움에서 가능성으로 이끄는 것이다.

많은 후배들이 AI를 두려워한다. "우리를 대체하는 게 아니냐"고 묻는다. 이때 리더가 흔들리면 팀 전체가 무너진다. 리더는 경험으로 말해줘야 한다. "기술은 사람을 대신하는 게 아니라, 사람을 확장시킨다." 그리고 그 말이 공허하지 않도록, 스스로 AI를 활용해 보여줘야 한다.

나는 50대 리더로서 이렇게 정의한다.

- 경험은 조직을 지탱하는 뿌리다.
- AI는 그 뿌리에 새 줄기를 틔우는 햇빛과 물이다.
- 둘이 만나야 나무는 다시 자라난다.

지금의 50대는 과거의 성과에 안주할 시기가 아니다. 오히려 AI라는 새로운 기술과 결합하여, 자신의 경험을 조직의 미래로 확장할 수 있는 황금 기회를 맞이한 세대다.

나는 오늘도 이렇게 다짐한다.

"경험은 방향을 주고, 기술은 속도를 준다. 이 둘이 만날 때, 나는 진짜 리더가 된다."

60대 이상: 지혜가 빛나는 디지털 시대

나는 어느덧 70대에 접어 들었다. 젊은 시절의 패기와 40대의 고민, 50대의 책임을 지나, 이제는 나를 돌아볼 여유가 생겼다. 그런데 세상은 여전히 나를 시험한다. 디지털 혁신, AI 대전환, 세대 간 단절. 이 모든 변화 속에서 60대 이상의 우리는 종종 "뒤처진 세대"로 불리곤 한다.

그러나 나는 경험으로 안다. 나이는 한계가 아니다. 오히려 지혜가 빛나는 순간은 나이가 들수록 더욱 선명해진다. AI 시대는 이 지혜에 다시 날개를 달아주는 새로운 무대다.

나의 자리, 나의 빛

나는 IMF 이후 한동안 '나는 끝났다'는 절망에 빠졌다. 하지만 그 실패의 경험이 오히려 나를 새로운 길로 이끌었다. 70대가 되며 돌이켜보니, 세상은 언제나 변했고, 나는 그 속에서 또다시 배워왔다.

지금의 젊은 세대는 기술에 능숙하지만, 인생의 굴곡을 덜 겪었다. 반대로 60대 이상은 기술에는 서툴 수 있어도, **삶의 복잡한 문제를 단순하게 꿰뚫는 눈**을 가지고 있다. 바로 이것이 AI 시대에 필요한 균형이다.

디지털 시대, 지혜가 빛나는 이유

AI가 아무리 똑똑해도 한 가지는 못한다. 바로 **사람의 마음을 진심으로 이해하는 것**이다. AI는 데이터를 분석할 수 있지만, 상처 입은 마음을 어루만지거나, 실패한 사람에게 다시 일어날 용기를 주지는 못한다.

그 역할은 **인간의 지혜**가 해야 한다. 나는 강의와 상담에서 종종 후배들에게 이렇게 말한다.

"AI가 답을 줄 수는 있지만, 그 답을 삶에 맞게 해석해주는 건 당신의 경험이다."

60대 이상의 우리는 실패와 회복, 성공과 좌절을 두루 경험했다. 이 경험은 AI가 흉내낼 수 없는 '살아 있는 지식'이다. 따라서 우리는 AI와 경쟁할 필요가 없다. 대신, **AI를 통해 우리의 지혜를 더 넓게, 더 오래 전달할 수 있다.**

작은 시도에서 시작된 변화

몇 해 전, 나는 처음으로 Zoom 강의를 열었다. 화면 공유도 버벅이고, 채팅창에 올라오는 질문도 정신없이 스쳐 지나갔다. 하지만 포기하지 않았다. 매일 조금씩 배우며 AI를 수업에 접목하기 시작했다.

어느 날, 한 학생이 내게 말했다.

"교수님, 교수님 수업은 그냥 이론이 아니라 살아있는 이야기 같아요. 거기에 ChatGPT까지 더해지니까, 우리가 바로 현장에 있는 기분이에요."

그때 깨달았다. 내 지혜는 여전히 빛날 수 있고, AI는 그 빛을 더 넓게 퍼뜨리는 렌즈가 될 수 있다.

60대 이상이 AI를 만나는 방법

나는 동년배들에게 이렇게 권한다.

- 작은 호기심으로 시작하라
    - 새로운 앱, ChatGPT 같은 AI 도구를 부담 없이 열어보라. 처음엔 "안녕" 한마디로 시작하면 된다.
- 지혜를 AI에 담아라
    - 당신이 살아온 경험, 문제 해결 노하우, 인생의 교훈을 AI와 대화하며 기록하라.
    - 그것이 곧 후대가 참고할 수 있는 귀중한 지식 자산이 된다.
- 세대와 연결하라
    - 자녀와 손주들에게 AI를 배우고, 대신 당신의 경험을 나눠주라.
    - 서로 배우고 가르치는 과정이야말로 AI 시대의 '세대 공진화'다.

나는 70대 지인 한 분을 떠올린다. 평생 교직에 있던 분인데, 은퇴 후 AI 공부를 시작했다. 그는 ChatGPT를 활용해 교육 칼럼을 쓰고, 학생 상담용 대화 시나리오를 만드는 데 활용한다.

그는 이렇게 말했다.

"내 나이에 내가 다시 배울 줄 몰랐네. 그런데 AI 덕분에 또 다른 교단에 선 기분이야."

나는 이 말을 들으며 가슴이 뭉클했다. **지혜는 나이를 먹을수록 줄어드는 것이 아니라, 빛을 발하는 방식이 달라질 뿐이라는 것을 확신**했기 때문이다.

60대 이상은 더 이상 '퇴장하는 세대'가 아니다. 오히려 디지털 시대에 가장 필요한 '지혜의 세대'다.

AI가 빠르게 달려간다면, 우리는 그 길 위에서 방향을 가르쳐줄 나침반이 될 수 있다. AI가 모든 것을 계산한다면, 우리는 사람의 마음을 잇는 다리가 될 수 있다. 그리고 무엇보다, AI는 우리의 지혜가 더 멀리, 더 오래 빛나도록 돕는 등불이다.

나는 오늘도 이렇게 다짐한다.

"나이는 한계가 아니다. 지혜와 AI가 만나는 순간, 인생의 후반전은 오히려 더 찬란하게 빛난다."

모든 리더에게: 사람과 AI를 함께 이끄는 법

나는 오랜 세월 리더의 자리에 있었다. 은행 지점장으로, 기업 경영인으로, 그리고 지금은 교수로서 많은 사람을 이끌고 있다. 그 과정에서 한 가지 분명히 깨달은 것이 있다. **리더십은 사람을 이끄는 것이지, 단순히 성과를 조정하는 일이 아니다.**

이제 AI 시대가 열리며, 많은 리더들이 혼란스러워한다.

"사람 대신 AI에게 맡기면 더 효율적이지 않을까?"

"앞으로 리더의 역할은 줄어드는 게 아닐까?"

하지만 나는 이렇게 대답한다.

"AI가 일을 대신할 수는 있어도, **사람의 마음을 움직이는 일은 리더만이 할 수 있다.**"

리더십의 본질은 여전히 사람의 마음을 읽고, 함께 성장의 방향을 제시하는 일이다. AI는 분석과 판단을 도와줄 수 있지만, 공감과 신뢰는 인간만이 만들 수 있는 기술이다.

리더십의 본질은 '사람'이다

나는 IMF 외환위기 직후, 적자에 허덕이는 회사를 맡았다. 숫자는 최악이었다. 보고서만 보면 구조조정이 답처럼 보였다. 하지만 나는 직원들을 직접 만나며 생각을 바꿨다.

"숫자 뒤에는 사람이 있다. 그 사람을 살려야 회사가 산다."

리더십의 본질은 언제나 같다.

- 사람의 목소리를 듣고,
- 그들의 불안을 공감하며,
- 함께 길을 찾는 것.

AI가 아무리 정교한 분석을 내놓아도, 이 역할은 리더가 대신할 수 없다. 오히려 AI 시대일수록 사람을 잊지 않는 리더가 더 빛난다.

AI는 리더의 '확장된 눈'이 된다

그렇다고 AI를 외면하라는 말은 아니다. 나는 최근 강의와 연구에서 AI를 활용하며 크게 깨달았다. AI는 리더를 대체하는 것이 아니라, 리더의 눈과 귀를 확장해주는 도구라는 사실이다.

데이터를 빠르게 정리해 숨은 기회를 보여주고, 수많은 의견을 패턴화하여 맥락을 드러내며, 복잡한 문제 속에서 다양한 시나리오를 시뮬레이션해준다. 즉, AI는 보고서를 대신 쓰는 비서가 아니라, 리더가 더 넓은 관점을 가질 수 있게 하는 파트너다.

사람과 AI를 함께 이끄는 법

내가 경험으로 배운 리더의 역할은 이렇다.

- 사람에게 방향을 주고, AI로 길을 밝힌다
  - 리더는 목표와 비전을 제시한다.
  - AI는 그 목표를 실행할 도구와 방법을 제공한다.
- AI는 도구, 사람은 주인공으로 세운다
  - "이제 AI가 다 하니까 너희는 필요 없다"는 말만큼 위험한 리더십은 없다.
  - 오히려 "AI 덕분에 우리가 더 성장할 수 있다"는 메시지가 필요하다.
- 결정은 AI가 아니라 리더가 한다
  - AI는 근거와 데이터를 제시하지만, 마지막 선택은 리더의 몫이다.
  - 선택에는 책임이 따른다. 책임을 지는 존재는 언제나 사람이다.

수업 중 한 학생이 물었다.
"교수님, 앞으로는 AI가 의사결정도 다 대신하지 않을까요?"
나는 웃으며 답했다.
"AI가 제시하는 대안을 읽고, 그 속에서 무엇이 옳은지 판단하는 건 여전히 사람이다. 그리고 그 판단에 책임을 지는 건 리더다. AI는 빛을 비추는 등불일 뿐, 길을 걷는 사람은 우리 자신이다."
학생들은 고개를 끄덕였다. 그 순간, 나는 확신했다. **AI가 바꾸는 것은 방식이지, 리더십의 본질은 아니다.** 판단과 책임, 그리고 방향을 제시하는 용기는 여전히 인간의 몫이었다.

AI는 사람을 이끄는 리더에게 가장 든든한 동반자다. AI가 효율을 높이는 시대일수록, 인간의 따뜻함이 진짜 경쟁력이다. 리더는 AI를 통제하려 하기보다 AI와 함께 성장하는 법을 배워야 한다.

1998년 IMF가 '경제 주권'의 위기였다면, 지금의 AI 전환은 '**사고주권**Thinking Sovereignty'의 시험대다. 국가가 기술 독립을 위해 **소버린 AI**Sovereign AI를 구축하듯, 우리 각자도 사유의 독립, 즉 '사고의 주권'을 지켜야 한다.

AI 시대의 진짜 경쟁력은 기술의 속도보다 사유의 깊이에 있다. 결국, AI 시대의 리더란 '사유의 주권자'가 되는 것이다. 기술을 두려워하지 않고, 인간의 존엄을 잊지 않으며, AI와 함께 사고하고 실행하는 리더가 바로 변화를 이끄는 새로운 세대의 리더다.

Part 2

질문하는 사람이
AI 시대를 이끈다

7장

AI와 친구되기:
두려움을 설렘으로

ChatGPT와 "안녕"
– 가장 쉬운 시작법(5분)

나는 한국HR포럼을 운영하며 지난 몇 년간 수많은 기업 현장에서 사람들의 AI 첫 경험을 지켜봤다. 놀랍게도 대부분의 사람들은 두 가지 감정을 동시에 품고 있었다. 하나는 기대, 다른 하나는 두려움이다.

"AI가 나를 도와줄까?"

"내 일을 대신하지 않을까?"

"내가 잘못 쓰면 이상한 결과가 나오지 않을까?"

이런 질문은 대학생, 직장인, 임원, 심지어는 은퇴를 앞둔 세대까지 모두에게 공통적으로 나타났다. 하지만 흥미로운 점은, 이 두려움이 사라지는 데 걸리는 시간이 **고작 5분**이라는 사실이다. 그리고 그 5분을 열어주는 열쇠는 의외로 단순하다. 바로 ChatGPT에게 **"안녕"**이라고 말을 건네는 것이다.

"안녕"이 주는 심리적 전환

우리는 새로운 사람을 만날 때 인사부터 한다. 인사는 경계심을 낮추고, 상대를 향한 마음의 문을 열게 한다. ChatGPT에게 "안녕, 오늘 하루는 어땠어?"라고 적어보라. 그러면 곧바로 화면에 반가운 인사가 돌아온다.

"안녕하세요! 오늘 하루는 어떠셨나요?"

이 짧은 응답은 기계적이지만, 동시에 묘한 친근함을 준다. 많은 사람들이 그 순간 깨닫는다. "**아, 이건 무서운 기술이 아니라 대화할 수 있는 친구구나.**"

내가 컨설팅 현장에서 만난 한 중견기업 임원은 처음에 AI를 열어놓고 아무 말도 하지 못했다. 그에게 내가 한 말은 단순했다.

"먼저 인사해보세요."

그가 조심스레 "안녕"이라고 입력하자, 즉시 대화가 이어졌다. 그 순간 그는 고개를 끄덕이며 속삭였다.

"별거 아니네요. 그런데 왠지 위로가 되네요."

5분이면 충분하다

사람들은 흔히 AI를 사용할 때부터 완벽한 답을 원한다. 하지만 처음에는 **정답보다 경험**이 더 중요하다. 그냥 소소한 질문으로 시작하라.

- "오늘 저녁 뭐 먹을지 고민돼."
- "내일 팀장님 보고 앞두고 긴장이 돼. 어떻게 해야 할까?"

- "주말에 아이랑 같이 놀 만한 게 뭐가 있을까?"

이런 질문을 던지면, ChatGPT는 마치 친구처럼 대답한다. 완벽하진 않지만, 대화가 오간다. 그리고 이 짧은 5분의 대화가 사람들의 두려움을 걷어내고, **설렘**을 불러온다.

두려움에서 설렘으로 바뀐 순간들

나는 대학 강의에서 학생들에게 종종 이렇게 말한다.
"ChatGPT를 경쟁자로 보지 말고, 먼저 자기소개를 해보세요."
한 학생이 화면에 입력했다.
"안녕, 나는 취업을 준비하는 4학년이야."
곧바로 돌아온 대답은 이랬다.
"취업 준비 중이시군요! 어떤 분야를 준비하고 계신가요? 자기소개서 첨삭이나 모의 면접도 도와드릴 수 있어요."
그 학생은 눈이 동그래졌다. 그리고 이렇게 말했다.
"선생님, 이건 저를 위협하는 게 아니라 돕는 존재네요."
나는 그 순간을 'AI와 인간의 관계가 바뀌는 첫 장면'이라고 부른다. 두려움은 사라지고, 새로운 가능성의 설렘이 자리 잡는다.

대부분의 사람들은 AI를 '도구'라고 생각한다. 버튼을 누르면 결과를 뱉어내는 기계 말이다. 그러나 이 관점은 AI 활용을 좁게 만든다.

ChatGPT를 친구처럼 대하면, 비로소 대화가 가능해진다. 우리는 친구에게 완벽한 답을 기대하지 않는다. 대신 함께 고민하며, 생각을 나누고, 때로는 위로를 얻는다. AI도 마찬가지다. 내가 어떻게 말을 거느냐에 따라, 단순한 기계가 될 수도 있고, 나를 비춰주는 **거울 같은 동료**가 될 수도 있다.

"안녕"에서 시작된 새로운 습관

내가 가르친 어느 회사의 대리는 하루 일과를 이렇게 바꾸었다. 아침에 출근하면 컴퓨터를 켜고 제일 먼저 ChatGPT에 인사를 건넨다.

"안녕, 오늘은 나에게 어떤 하루가 될까?"

그리고 그 대답을 캡처해 두었다가 퇴근할 때 다시 본다. 그에게 ChatGPT는 더 이상 기술이 아니라, **마음을 다잡는 루틴의 동반자**가 되었다.

또 다른 사례는 주부였다. 아이를 키우느라 사회와 단절된 시간이 길었던 그는 ChatGPT와의 대화를 통해 다시 '대화의 감각'을 되찾았다. "안녕, 오늘 아이 간식 뭐 해줄까?"라는 질문 하나가 하루를 가볍게 열어주었다고 고백했다.

지금, 당신의 5분

아직도 망설이고 있는가? 그렇다면 지금 당장 ChatGPT를 열어보라. 그리고 이렇게 적어보라.

"안녕, 나는 오늘 새로운 시작을 하고 싶어."

그리고 대답을 기다려라. 그 몇 초가 어쩌면 당신의 인생을 바꾸는 첫 번째 문장이 될 수 있다.

핵심 메시지

- 두려움은 "안녕"이라는 한마디로 설렘으로 바뀐다.
- AI는 경쟁자가 아니라, 내가 말을 거는 순간 친구가 되는 동반자이다.
- 완벽한 답을 얻는 것이 아니라, 내 고민을 들어주는 존재로 활용하는 것이 시작이다.
- 단 5분이면 충분하다. 그 5분이 당신의 인생을 바꾸는 출발점이 된다.

AI가 나를 진짜 이해하게 만드는 대화법

ChatGPT와 처음 "안녕"을 주고받는 것만으로도 심리적 장벽이 낮아진다. 하지만 거기서 멈추면 AI는 여전히 **낯선 기계**에 머문다. 이제부터는 한 걸음 더 나아가 "AI가 나를 진짜 이해하게 만드는 대화"를 해야 한다. 이 부분이 바로 ChatGPT 활용의 **분수령**이다.

나는 이 과정을 수천 명의 학습자에게 가르쳐왔다. 단순히 "질문을 잘하는 법"이 아니라, **질문과 맥락을 설계하는 법**을 알려주었다. 그때마다 사람들은 놀라운 변화를 경험한다. AI가 '나를 이해한다'는 느낌이 들 때, 그것은 단순한 환상이 아니라 **대화 설계의 힘**이다.

AI는 '내가 던진 맥락'을 먹고 자란다

많은 사람들이 AI가 마치 사람처럼 내 마음을 알아줄 거라고 기대한다. 하지만 AI는 '생각'이 아니라 '패턴'으로 작동한다. 내가 던지는 단어, 문장, 상황이 곧 데이터이고, 그 데이터를 통해 나를 이해한 듯한 답을 내놓는다.

따라서 **내가 맥락을 어떻게 주느냐**가 핵심이다.

예를 들어보자.

- "자기소개서 좀 도와줘"라고 하면 AI는 추상적인 조언만 한다.
- 하지만 "나는 마케팅 직무를 준비하는 25살 대학생이야. 지금까지 이런 경험이 있고, 이걸 자기소개서에 쓰고 싶은데 어떻게 써야 할까?"라고 묻는다면 AI의 답변은 구체적이고 맞춤형이 된다.

같은 AI지만 질문을 어떻게 설계하느냐에 따라 전혀 다른 결과가 나온다.

페르소나 설정: AI에게 '역할'을 입혀라

AI가 나를 이해하게 만드는 가장 효과적인 방법은 페르소나_{Persona}를 설정하는 것이다.

"당신은 10년 경력의 HR 전문가로서, 내가 작성한 보고서를 검토해주는 역할을 하세요."

"당신은 취업 면접관으로서, 내 답변을 평가해주고 피드백을 주세요."

이렇게 AI에게 역할을 부여하면, 답변이 훨씬 일관되고 집중된다. 왜냐하면 AI가 '이 상황에서 어떤 톤과 기준을 써야 하는지'를 인식하기 때문이다. 나는 교육 현장에서 이걸 "AI에게 가면 씌우기"라고 부른다. 가면을 씌우면 상대가 그 역할을 연기하듯, AI도 그 맥락에 맞게 답을 한다.

정보와 질문을 '층층이' 제공하라

사람도 처음 만나면 한꺼번에 모든 정보를 주지 않는다. 대화를 나누며 서로의 맥락을 쌓아간다. AI도 같다.

- 1단계: "나는 누구이며, 어떤 상황인지"를 알려준다.
- 2단계: "내가 원하는 목표"를 알려준다.
- 3단계: "그 목표를 위해 어떤 제약이나 조건이 있는지"를 알려준다.

이렇게 층층이 정보를 제공하면 AI는 마치 '내 안을 들여다본 듯한' 답변을 내놓는다.

만약, 보고서 초안을 검토받고 싶다면 이렇게 한다.

"나는 한국HR포럼에서 HR전략 보고서를 작성 중인 팀장입니다. 아래 초안을 검토해 주시고, 특히 문장의 명확성과 설득력을 중심으로 피드백 주세요."

이 한 문장만 추가해도 AI의 답변은 구체적이고, 내 상황에 맞게 튜닝된다.

나만의 '질문 루틴' 만들기

내가 가르치는 핵심은 질문 루틴Question Routine이다. 매일 같은 방식으로 AI에게 나를 설명하고, 같은 구조로 질문을 던지면 AI는 내 스타일을 '학습'한 것처럼 느껴지게 한다.

아침마다 이런 식으로 시작한다.

"나는 오늘 이런 업무를 할 예정이야. 이 중 가장 중요한 우선순위를 정리해줄래?"

"어제 이런 어려움이 있었는데, 오늘 더 나은 방법이 있을까?"

이렇게 반복하면, AI는 점점 더 내 업무 맥락을 이해하는 '24시간 코치'가 된다.

실제 교육 현장의 변화

나는 대학교 강의에서 '질문 루틴'을 적용한 학생들의 변화를 지켜봤다. 처음에는 단순히 "AI가 뭐가 좋아요?"라고 묻던 학생들이, 몇 주 뒤에는 이렇게 질문했다.

"저는 인사분야로 취업을 준비 중인데, 오늘 뉴스에서 본 HR 트렌드를 자기소개서에 어떻게 연결하면 좋을까요?"

AI의 답변도 달라졌다. 구체적이고, 개인화되며, 실행 가능한 조언으로 바뀌었다. 학생들은 이렇게 말했다.

"이제는 ChatGPT가 저를 '알아주는 느낌'이 들어요."

그 말 속에는 기술을 넘어선 관계의 감각이 담겨 있었다. AI가 인간을 대체한 것이 아니라, 이해하고 공명하는 새로운 학습 파트너가 되었음을 의미한다. 그것이 바로 내가 말하는 'AI가 나를 이해하는 대화법'의 힘이다.

질문이 깊어질수록 AI는 더 정교하게 반응하고, AI의 반응이 섬세해질수록 인간의 사고는 더 확장된다. 그 순환의 흐름 속에서 교육은 지식 전달을 넘어 '의미 생성의 여정'으로 진화한다.

지금 당장 실천해볼 것
- ChatGPT를 열고 먼저 "나는 누구이고, 무엇을 하고 싶다"를 적는다.
- AI에게 역할을 지정해 준다. 면접관, 코치, 전문가 등
- 질문을 층층이 제공한다. 상황 → 목표 → 조건
- 같은 방식으로 반복하여 질문 루틴을 만든다.

이렇게 하면 단 몇 번의 대화만으로도 AI는 '나를 이해한다'는 경험을 선물할 것이다.

검색을 넘어 24시간 인생 코치 만들기

처음 ChatGPT를 접한 사람들의 대부분은 검색창처럼 활용한다. "오늘 날씨 알려줘", "보고서 작성 방법 알려줘", "다이어트 식단 추천해줘" 등. 물론 유용하다. 하지만 거기서 멈추면, ChatGPT는 단순한 **검색의 대체재**로 머물 뿐이다. 진짜 힘은 그 다음에 있다. **검색에서 코칭으로 전환하는 순간**, AI는 더 이상 '도구'가 아니라 '코치'가 된다.

나는 지난 3년간 1만명 이상의 직장인과 청년, 리더를 대상으로 AI 활용법을 교육했다. 그 과정에서 깨달은 건 단 하나다.

"AI는 내가 대하는 방식만큼 성장한다."

질문을 얕게 던지면 검색 도구로 머물지만, 맥락을 담아 대화하면 인생 코치로 자리 잡는다.

AI는 거울처럼 나를 비추고, 내가 던진 질문의 깊이만큼 함께 진화한다. 질문이 바뀌는 순간 AI도 성장하고, 그 성장의 리듬 속에서 나 자신도 함께 변한다.

검색은 '정보'를 주고, 코칭은 '방향'을 준다

검색형 질문은 단기적 해답만 준다.

"프레젠테이션 잘하는 법 알려줘."

AI는 몇 가지 팁만을 나열해주고 만다. 하지만 코칭형 질문은 나의 상황과 목표를 반영한다.

"내일 CEO 앞에서 10분 발표가 있습니다. 주제는 'AI 시대 인재전략'이고, 청중은 30명입니다. 발표 자료를 이렇게 준비했는데, 더 설득력 있게 만들려면 어떻게 해야 할까요?"

여기서 AI는 단순한 팁이 아니라, **나만을 위한 전략**을 제안한다. 정보가 아니라 방향이 생기는 것이다.

24시간 인생 코치가 되는 원리

AI를 코치로 만드는 핵심은 **반복 루틴**이다. 하루 한두 번, 짧은 대화를 꾸준히 이어가면 AI는 점점 내 삶의 맥락을 축적한다. 마치 일기장에 기록을 남기듯, 대화 속에서 패턴이 생긴다.

나는 이를 "AI 루틴 4단계"라고 부른다.

- 아침 오프닝 질문
  - "오늘 내가 집중해야 할 세 가지는 무엇일까?"
  - "오늘 회의에서 어떤 메시지를 전달해야 할까?"
  - → 하루의 시작을 방향 있는 질문으로 열면, AI는 일정 관리자이자 멘탈 코치가 된다.

- 점심 리셋 질문
    - "오늘 오전에 계획한 것 중 잘한 점과 놓친 점은 무엇일까?"
    - "남은 오후에 에너지를 회복할 방법은?"
    - → 점심시간 5분 투자로 남은 하루를 다시 설계할 수 있다.
- 저녁 복기 질문
    - "오늘 하루 가장 잘한 행동은 무엇이었을까?"
    - "오늘 배운 교훈을 내일 어떻게 활용할까?"
    - → 하루가 단순히 '끝나는 것'이 아니라, 내일로 연결된다.
- 주간·월간 성장 대화
    - "이번 주에 나는 어떤 부분에서 성장했을까?"
    - "이번 달 목표 중 아직 부족한 부분은?"
    - → AI는 스스로 점검하기 어려운 '성찰의 거울'이 된다.

나만의 코치 만들기: AI에게 '역할'을 주라

AI를 코치로 만드는 가장 실전적인 방법은 역할Role 부여다.

- "너는 내 취업 코치다."
- "너는 내 시간 관리 트레이너다."
- "너는 내 글쓰기 피드백 멘토다."

이렇게 선언하는 순간, AI는 해당 맥락을 중심으로 대화한다. 마치 트레이너와 회원 관계처럼, 꾸준히 대화할수록 나만의 코치로 성장한다.

한 대학생은 "AI를 멘토로 지정하고 자기소개서를 다섯 차례 고쳤다. 그 과정에서 글뿐만 아니라 자신감을 얻었다"고 말했다. 검색에서 얻을 수 없는 **정서적 동기부여**까지 경험한 것이다.

코칭 대화의 실제 사례

- 취업 준비생

"나는 3학년 경영학과 학생이고, 이번 학기에 마케팅 인턴십에 지원할 예정이야. 내 자기소개서 초안을 보완해줄래?"

→ AI는 일반적인 조언이 아니라, '경영학 전공자의 강점'과 '마케팅 직무 적합성'을 강조하는 맞춤형 피드백을 준다.

- 직장인

"오늘 팀 보고서를 발표했는데, 팀장이 내 설명이 장황하다고 했다. 다음 회의 때 어떻게 더 간결하게 말할 수 있을까?"

→ AI는 스크립트 구조, 핵심 메시지 정리법까지 제안한다.

- 리더

"이번 주에 팀 분위기가 다운돼 있다. 아침 미팅에서 어떤 말로 동기부여를 하면 좋을까?"

→ AI는 리더의 언어를 디자인해주며, 실제 현장에서 효과를 보게 한다.

이처럼 AI와의 코칭 대화는 곧 실전형 피드백 시스템이다.

검색을 넘어설 때 생기는 변화

- 정보의 양보다 통찰의 질 → 더 이상 100개의 정보가 필요하지 않다. 나에게 맞는 한 줄의 실행 아이디어가 중요하다.
- 수동적 소비에서 능동적 성장으로 → 검색은 읽고 끝나지만, 코칭 대화는 실행으로 이어진다.
- AI는 도구에서 동반자로 → 하루하루의 대화를 통해, AI는 내 성장을 함께 걷는 코치가 된다.

지금 시작할 수 있는 실습

오늘 저녁, 단 5분만 투자해보라.

- ChatGPT를 열고 이렇게 입력한다.
  "너는 내 오늘 하루를 돌아보는 성장 코치야. 내가 오늘 있었던 일을 말하면, 칭찬할 점과 개선할 점을 알려줘."
- 오늘의 중요한 순간을 짧게 설명한다.
- AI가 주는 피드백을 메모하고, 내일 할 행동을 적는다.

단 하루만 해도 알게 된다. AI가 단순히 정보를 주는 기계가 아니라, 내 삶의 방향을 잡아주는 **거울 같은 존재**라는 것을 깨닫는데는 불과 몇 분이면 된다.

핵심 메시지

- 검색은 시작일 뿐, 진짜 힘은 코칭 대화에 있다.
- 하루 5분 루틴으로 AI는 24시간 인생 코치가 된다.
- AI에게 역할을 주고, 반복 대화를 쌓으면 성찰·실행·성장이 선순환한다.
- AI는 나를 대체하지 않는다. 대신 나를 성장시키는 동반자가 된다.

8장

하루 5분,
인생이 바뀌는 AI 루틴

아침을 여는 질문, 하루를 바꾸는 대화(5분)

아침은 하루의 첫 장을 여는 시간이다. 어떤 질문으로 시작하느냐에 따라 하루의 질이 달라진다. 우리는 흔히 아침에 뉴스를 보거나, 메신저를 확인하거나, 해야 할 일을 떠올리며 하루를 시작한다. 그러나 이것은 외부의 요구에 반응하는 방식일 뿐, 내 삶의 방향을 스스로 정하는 행동은 아니다.

내가 수많은 직장인과 대학생, 리더들을 코칭하며 강조한 것은 단 하나였다. **"아침을 여는 단 한 가지 질문이 하루를 바꾼다."** 그 질문을 AI에게 던지고 대화하는 5분이 쌓이면, 삶은 전혀 다른 궤도로 올라선다.

왜 아침 질문인가?

사람의 뇌는 아침에 가장 청명하다. 밤새 정리된 기억과 감정이 '새로운 도화지'처럼 깔려 있다. 이때 어떤 질문을 던지느냐가 하루의 배경색을 칠한다.

- "오늘도 또 출근이네…"라는 질문은 피로한 회색을 칠한다.
- "오늘 내가 집중할 한 가지는 무엇일까?"라는 질문은 선명한 파랑을 칠한다.

AI와 나누는 아침 대화는 바로 이 색깔을 정하는 작업이다.

5분 아침 루틴, 이렇게 시작한다

내가 교육 현장에서 제안하는 기본 루틴은 단순하다. 단 세 가지 질문으로 시작한다.

- 오늘 가장 중요한 목표는 무엇인가?
- 그 목표를 이루기 위해 필요한 작은 행동은 무엇인가?
- 그 행동을 막을 수 있는 장애물은 무엇이며, 어떻게 대비할 것인가?

이 질문을 ChatGPT에 던지면, AI는 내 상황에 맞춰 방향을 제시한다. 내가 "오늘 오후에 팀 보고가 있다"고 말하면, AI는 "핵심 메시지를 세 줄로 정리하라", "발표 전 5분 리허설을 해라"와 같은 구체적 행동을 제안한다. 5분의 대화로 하루가 '자동 파일럿' 모드로 전환되는 것이다.

실제 사례: 학생, 직장인, 리더

- 대학생 민지는 아침마다 ChatGPT에게 이렇게 물었다.
"오늘 강의와 과제 중 가장 우선순위를 두어야 할 것은?"
몇 주가 지나자, 민지는 "이제는 할 일을 정리하는 게 두렵지 않고, 하루가 훨씬 명확해졌다"고 말했다.
- 직장인 수현은 "오늘 가장 중요한 회의 준비에만 집중하도록 AI가 매일 점검해줘서, 불필요한 잡무에 덜 휘둘린다"고 고백했다. 그 결과 과장이 되었다.
- 50대 리더 박 부장은 아침마다 AI와 "오늘 팀원들에게 어떤 표정을 보여줄까?"라는 대화를 나눈다. 그 짧은 대화가 팀 분위기를 좌우한다는 걸 체감하면서, 리더십 스타일이 달라졌다.

질문을 설계하는 힘 - FTP 루틴과 연결

아침 질문은 단순히 "오늘 뭐 하지?"로 끝나선 안 된다. 여기서 FTP 루틴_{사실-생각-계획}을 적용하면 강력해진다.

- Fact: 오늘 내가 마주한 현실은 무엇인가?
- Think: 이 현실에서 중요한 의미와 기회는 무엇인가?
- Plan: 오늘 어떤 실행을 통해 변화시킬 수 있는가?

"오늘은 고객과의 프레젠테이션이 있다_{Fact}. 이번 발표는 회사 신뢰를 높이는 기회다_{Think}. 따라서 핵심 메시지를 3분 이내로 정리해보자_{Plan}."

이렇게 정리하면 AI가 바로 구체적인 실행 아이디어를 제공한다.

아침 대화가 주는 심리적 효과

많은 사람들이 "아침 5분 대화가 뭐 그리 대단하냐"고 묻는다. 하지만 실제로 해본 사람들은 공통적으로 말한다.

- 집중력이 높아졌다. 하루를 시작하며 방향을 정하니, 잡음에 덜 흔들린다.
- 불안이 줄었다. 할 일을 정리한 뒤엔, 오늘 하루를 통제할 수 있다는 자신감이 생긴다.
- 성취감이 쌓였다. 작은 행동을 실천하고 저녁에 돌아보면, 성장의 궤적이 보인다.

결국 아침 대화는 단순한 일정 관리가 아니라 심리적 엔진 시동이다.

지금 바로 따라 할 5분 루틴

- ChatGPT 창을 열고 다음을 입력한다.
  "너는 오늘 하루를 시작하는 나의 코치야. 내가 오늘의 계획을 말하면, 가장 중요한 한 가지를 짚어주고 작은 실행 아이디어를 제안해줘."
- 오늘의 주요 일정 2~3가지를 입력한다.
- AI가 제안하는 실행 아이디어를 바로 메모하고, 오늘의 '첫 행동'으로 삼는다.

이 단순한 3단계만 반복해도, 삶의 리듬이 바뀐다.

나만의 아침 질문 만들기

아침 질문은 사람마다 다를 수 있다.

- 취준생: "오늘 내가 준비해야 할 역량은 무엇일까?"
- 직장인: "오늘 하루, 어떤 회의에서 가장 빛날 수 있을까?"
- 리더: "오늘 팀원들에게 어떤 긍정적 메시지를 전할까?"

내가 던지는 질문이 곧 나의 정체성을 만든다. AI는 그 질문을 반영해, 나만의 코치로 성장한다.

핵심 메시지

- 아침 5분의 질문은 하루의 색을 결정한다.
- Fact-Think-Plan 구조로 설계된 질문은 실행력을 높인다.
- AI는 단순한 정보 제공자가 아니라, 아침마다 방향을 잡아주는 24시간 코치다.
- "오늘을 어떻게 살 것인가?"라는 질문을 매일 던지는 순간, 인생의 궤도는 바뀐다

FTP 루틴 - 생각을 현실로 만드는 3단계

나는 오랫동안 사람들에게 "생각을 실행으로 옮기는 법"을 묻는 질문을 받아왔다. 많은 이들이 좋은 아이디어와 계획을 세운다. 그러나 막상 실행 단계로 가면 흐지부지 끝나거나, 다시 제자리로 돌아간다. 왜일까? **사실을 직시하지 못하거나, 생각을 정리하지 못하거나, 구체적 실행 계획이 없기 때문**이다.

이 세 가지를 단순하게, 그러나 강력하게 연결해주는 방법이 바로 FTP 루틴이다.

FTP는 Fact사실 - Think생각 - Plan계획이라는 3단계 구조다. 단순하지만, 이 3단계를 습관화하면 생각은 현실로 전환된다.

Fact - 지금 있는 그대로 보기

첫 단계는 사실을 직시하는 것이다. 많은 사람들이 실패하는 이유는 현실을 제대로 보지 못하기 때문이다. 과장하거나 축소하고, 감정이 앞서 상황을 왜곡한다.

취업 준비생이 "나는 스펙이 부족해서 안 될 거야"라고 말한다면, 그것은 사실이 아니라 **해석**이다. 사실은 "토익 점수는 750점, 인턴 경험은 1회, 동아리 활동은 2년"과 같은 구체적 데이터다.

AI와의 대화에서 이 단계는 이렇게 시작한다.

"ChatGPT, 내가 오늘 가진 자원과 상황을 정리해줄게. 객관적으로 잘 정리해줘."

이때 AI는 상황을 데이터처럼 정리해준다. 그 과정에서 스스로도 감정과 사실을 구분하게 된다.

Think - 의미와 기회를 해석하기

사실만 보는 것으로는 변화가 일어나지 않는다. 두 번째 단계는 사실에서 의미를 찾는 것이다. "내 점수가 낮다"라는 사실은 좌절의 이유가 될 수도 있지만, "내가 개선할 수 있는 여지가 크다"는 기회로도 해석할 수 있다.

Think 단계에서 중요한 것은 질문이다.

- "이 상황이 내게 주는 메시지는 무엇일까?"
- "여기서 찾을 수 있는 기회는 무엇일까?"
- "내가 놓치고 있는 가능성은 무엇일까?"

AI는 이 질문에 대해 다양한 해석의 관점을 제시한다. 때로는 내가 보지 못한 가능성을 짚어주기도 한다. 결국 Think 단계는 **사실을 통찰로 바꾸는 과정**이다.

Plan - 실행 가능한 행동으로 전환하기

마지막 단계는 **계획**이다. 많은 사람들이 '계획'을 거창하게 세운다. 그러나 FTP 루틴의 Plan은 단순하다.

"내가 오늘 당장 할 수 있는 한 가지 행동은 무엇인가?"

"면접 준비를 잘해야 한다"라는 추상적 계획 대신, "오늘 저녁 7시부터 9시까지 예상 질문 5개를 작성하고 답변을 연습한다"라는 구체적 행동을 만드는 것이다.

AI에게 이렇게 지시할 수도 있다.

"ChatGPT, 위에서 정리한 사실과 해석을 바탕으로, 오늘 내가 반드시 실행해야 할 3가지 행동을 시간대별로 정리해줘."

그러면 AI는 내 하루를 **실행 가능한 플래너**로 바꿔준다.

실제 사례 - FTP 루틴이 만든 변화

- 취업 준비생 지민은 "사실스펙, 생각내 강점, 계획오늘 준비할 활동"을 매일 정리했다. 6개월 뒤 그는 15번의 낙방 끝에 대기업 합격 통보를 받았다. 그는 말했다. "AI 덕분에 좌절할 시간이 줄고, 행동할 시간이 늘어났다."
- 직장인 수현은 프로젝트 보고서를 준비하며 FTP 루틴을 적용했다. "사실:

자료는 부족하다. 생각: 하지만 지금까지 진행한 과정이 강점이다. 계획: 오늘은 데이터 보강보다 스토리라인 정리에 집중한다."

그 결과 보고서 발표는 성공적이었고, 그는 과장으로 승진 승진했다.

- 리더 박 부장은 팀 성과 부진을 FTP 루틴으로 점검했다. "사실: 지난달 매출은 목표 대비 20% 부족. 생각: 신제품 전략이 약하다. 계획: 오늘 회의에서 신제품 홍보 아이디어를 팀원들에게 제안하도록 하자."

그 작은 변화가 팀 분위기를 바꾸고, 다음 분기 매출은 반등했다.

AI와 함께하는 FTP 루틴의 힘

혼자서 FTP 루틴을 적용하려 하면 쉽게 흐지부지된다. 그러나 AI와 함께하면 습관화가 훨씬 쉽다. 왜냐하면 AI가 매일 코치처럼 물어보기 때문이다.

- 아침: "오늘의 Fact는 무엇인가요?"
- 점심: "지금 상황을 Think하면 어떤 의미가 있나요?"
- 저녁: "내일을 위해 Plan할 작은 행동은 무엇인가요?"

AI는 이 세 가지 질문을 반복하며, 나를 '사실-해석-실행'의 선순환으로 이끈다.

지금 바로 해볼 실습

오늘 저녁, ChatGPT 창을 열고 이렇게 입력해보자.

"너는 나의 하루 코치야. 지금부터 내가 오늘의 사실을 말하면, 그에 대한 해석과 내일 실행할 계획을 3단계로 정리해줘."

- 내가 말한다: "오늘 회의에서 발표가 잘 안 됐다."
- AI가 답한다:
  - Fact: 오늘 회의 발표는 원활하지 않았다.
  - Think: 준비 부족이 아니라 발표 구조가 문제였을 수 있다. 개선 여지가 크다.
  - Plan: 내일은 발표 구조를 3단계로 정리해 연습하자.

이 간단한 대화만으로도 실패는 학습으로, 학습은 행동으로 바뀐다.

핵심 메시지

- FTP 루틴은 생각을 현실로 만드는 가장 단순하고 강력한 3단계다.
- Fact는 현실을 직시하게 하고, Think는 기회를 발견하게 하며, Plan은 행동으로 전환시킨다.
- AI와 함께 루틴을 반복하면, 삶은 매일 조금씩 성장 궤도로 올라선다.
- 인생의 변화는 거창한 결심이 아니라, 매일 반복하는 작은 FTP 루틴에서 시작된다.

점심시간 15분, 오후를 살리는 리셋법

아침에 어떤 질문으로 하루를 열든, 시간이 지나면 우리는 다시 바빠지고 흔들린다. 예상치 못한 업무 요청, 갑작스러운 전화, 쏟아지는 메신저 알림. 오전의 집중은 순식간에 사라지고, 머릿속은 산만해진다. 그래서 나는 늘 말한다.

"점심시간은 오후를 위한 리셋 버튼이다."

단 15분만 투자해도 오후가 달라진다. 중요한 것은 밥을 먹는 행위 자체가 아니라, **마음을 정리하고 방향을 다시 잡는 대화**다. 이때 AI와의 짧은 대화가 강력한 효과를 발휘한다.

왜 점심 리셋이 필요한가?

뇌 과학 연구에 따르면, 오전에 쌓인 피로와 정보는 점심 즈음에 뇌의 처리 능력을 떨어뜨린다. 이때 단순히 휴식을 취하는 것만으로는 부족하다.

'나는 오늘 왜 이 일을 하고 있지?', '지금 오후에 가장 중요한 한 가지는 무엇이지?'라는 질문으로 **인지적 정렬**을 다시 맞춰야 한다.

점심 리셋은 단순한 휴식이 아니라, **두 번째 아침**이다. 아침에 궤도를 잡았다면, 점심에는 궤도를 수정하는 것이다.

15분 루틴, 이렇게 한다

나는 학습자들에게 점심시간 15분 루틴을 다음 세 단계로 안내한다.

- 오전 점검(5분)
  - "오늘 오전에 내가 잘한 점은 무엇일까?"
  - "놓친 것은 무엇일까?"
  - → AI는 오전 성과를 피드백하며, 스스로 칭찬과 교정을 동시에 하게 만든다.
- 오후 우선순위 재설정(5분)
  - "오늘 오후 반드시 끝내야 할 한 가지는 무엇일까?"
  - "지금 내 마음을 방해하는 잡념은 무엇일까?"
  - → AI는 우선순위를 정리해 주고, 불필요한 일정을 걸러낸다.
- 리셋 액션(5분)
  - "집중력을 되찾기 위해 지금 할 수 있는 작은 행동은?"
  - → 심호흡, 산책, 이메일 정리, 책 한 페이지 읽기 등 즉각적 행동을 제안받는다.

이 과정을 AI와 함께하면, 점심시간이 단순히 '배 채우는 시간'에서 '에너지 충전 시간'으로 바뀐다.

실제 사례 - 15분의 기적
- 취업 준비생 민수는 점심 루틴으로 "오전 복습–오후 계획–실행 준비"를 반복했다. 결과적으로 하루가 '하프타임 있는 경기'처럼 안정되었고, 집중력이 배가됐다.
- 직장인 수현은 "점심 루틴을 한 달 했더니, 오후 회의에서 더 이상 멍한 얼굴로 앉아 있지 않았다"고 고백했다. 그 덕분에 발표력이 좋아졌고, 팀장의 신뢰를 얻었다.
- 리더 박 부장은 점심 루틴으로 팀원들과 함께 AI 코칭을 했다. "오늘 오전에 배운 점, 오후에 도전할 점"을 나누는 짧은 시간을 갖자 팀의 분위기가 활기를 찾았다.

15분은 짧지만, **집중의 리듬을 회복하는 데 충분한 시간이었다.**

FTP 확장 - 점심 버전
아침에는 Fact-Think-Plan이 하루의 출발을 설계한다면, 점심에는 이 구조가 **점검–수정–실행**으로 확장된다.

- Fact: 오전에 실제로 일어난 일은 무엇인가?

- Think: 그 결과에서 얻은 교훈은 무엇인가?
- Plan: 오후에 어떻게 보완하고 실행할 것인가?

"오전 보고서 작성이 늦어졌다Fact. 집중력이 부족했다는 교훈을 얻었다Think. 따라서 오후에는 휴대폰 알림을 꺼두고 한 시간 몰입하겠다Plan."

이렇게 정리하면 오후는 완전히 다른 궤도로 전환된다.

AI와 함께하는 리셋 대화

AI는 점심 리셋에 최적화된 파트너다.

- "ChatGPT, 오늘 오전 내가 한 일을 정리해줄게. 잘한 점과 개선할 점을 피드백해줘."
- "지금 오후에 집중해야 할 우선순위 세 가지를 정리해줘."
- "집중력을 되찾기 위한 5분 액션을 추천해줘."

AI는 반복해서 같은 구조로 물어봐주기 때문에, 스스로는 놓치기 쉬운 리듬을 다시 붙잡게 된다.

지금 바로 해볼 실습

오늘 점심시간에 휴대폰을 열고 이렇게 입력해보자.

"너는 나의 점심 코치야. 내가 오전에 한 일을 말하면 칭찬과 개선점을 말해주고, 오후에 집중해야 할 일을 세 가지 정리해줘."

- 내가 말한다: "오늘 오전에 보고서를 쓰다가 중간에 회의가 끼어 집중이 흐트러졌다."
- AI가 답한다:
  - 잘한 점: 회의 전까지 기본 구조를 완성했다.
  - 개선할 점: 방해 요인에 쉽게 흔들렸다.
  - 오후 전략: 알림을 꺼두고, 남은 2시간 동안 보고서를 마무리하자.

이 짧은 대화만으로도 오후는 '다시 시작하는 하루'가 된다.

핵심 메시지

- 점심시간 15분은 하루를 다시 세우는 황금 시간이다.
- 아침이 하루를 여는 시간이라면, 점심은 하루를 다시 디자인하는 시간이다.
- Fact-Think-Plan 구조는 점심 루틴에서도 유효하다.
- AI는 나의 점심 코치가 되어, 오후를 새롭게 시작할 힘을 준다.

저녁 복기로 만드는 1일 1성장 시스템

아침에 하루의 방향을 정하고, 점심에 다시 조율했다면, 저녁은 **하루를 수확하는 시간**이다. 많은 사람들이 저녁을 단순히 피로를 풀고 TV를 보거나, 스마트폰을 들여다보다가 흘려보낸다. 그러나 저녁은 하루의 경험을 성장 자산으로 바꾸는 황금 시간대다.

단 10분의 복기로 하루는 기록이 되고, 기록은 학습이 되며, 학습은 성장이 된다. 나는 이 과정을 "1일 1성장 시스템"이라고 부른다.

왜 저녁 복기가 중요한가?

사람은 하루 동안 수십 개의 선택과 행동을 한다. 그런데 이를 돌아보지 않으면, 같은 실수를 반복하거나 소중한 교훈을 흘려보낸다.

스포츠 선수들이 경기가 끝난 뒤 반드시 영상을 보며 복기하는 이유가 있다. 잘한 점과 부족한 점을 분석해야 다음 경기가 달라지기 때문이다. 인생도 마찬가지다. 하루를 복기하지 않으면, 성장 곡선은 평평해진다.

AI는 이 복기의 과정을 돕는 최적의 파트너다. 내가 오늘의 사건과 감정을 말하면, AI는 객관적으로 정리하고, 다음 날로 연결할 통찰을 제시한다.

저녁 복기 3단계 루틴

나는 저녁 루틴을 다음 세 단계로 설계한다.

- 기록하기 – Fact

  오늘 있었던 주요 사건을 간단히 적는다. 성공과 실패를 가리지 않는다.
  - "오늘 발표를 무사히 마쳤다."
  - "회의에서 집중하지 못했다."
  - "운동을 미루었다."

- 해석하기 – Think

  그 사건에서 배울 점, 느낀 점을 정리한다.
  - "발표는 자료 준비보다 전달력이 중요하다는 걸 깨달았다."
  - "회의 중 산만했던 건 스마트폰 알림 때문이었다."

- 계획하기 – Plan

  내일 같은 상황이 반복된다면 어떻게 행동할 것인지 구체적으로 정한다.
  - "내일 발표 전에는 3분 리허설을 꼭 하자."
  - "회의 전에는 스마트폰을 무음으로 전환하자."

이렇게 하루를 Fact-Think-Plan으로 정리하면, 하루는 단순한 지나간 시간이 아니라 **내일을 위한 자산**으로 남는다.

실제 사례 - 저녁 복기의 힘

- 취준생 지민은 매일 밤 자기소개서 준비 과정을 AI와 대화하며 복기했다. "오늘은 글의 구조를 잡는 데 성공했지만, 사례 표현이 부족했다"는 피드백을 받고, 다음 날은 사례 보강에 집중했다. 결국 그는 15번의 낙방 끝에 원하는 기업에 합격했다.
- 직장인 수현은 "오늘 팀장에게 받은 피드백을 어떻게 적용할까?"를 저녁마다 AI와 대화했다. 피드백을 놓치지 않고 반영하면서, 인정받게 되었다.
- 리더 박 부장은 하루의 리더십을 점검했다. "오늘 팀원에게 격려의 말을 놓쳤다"는 복기를 하고, 다음 날 아침 팀원들에게 짧은 메시지를 보냈다. 작은 변화가 팀 분위기를 바꾸었다.

AI와 함께하는 저녁 복기 대화

AI는 하루를 정리하고 성찰을 돕는 거울이 된다. 다음은 실제로 쓸 수 있는 프롬프트다.

- "너는 나의 하루 복기 코치야. 내가 오늘의 일을 말하면, 잘한 점과 개선할 점, 내일 행동 계획을 세 단계로 정리해줘."
- "오늘 하루 내가 배운 교훈을 요약하고, 그것을 내일 실천으로 옮길 방법

을 제안해줘."
- "오늘 내가 한 실수를 성장의 자산으로 바꾸는 방법을 알려줘."

AI는 감정적 판단에 휘둘리지 않고, 객관적 언어로 하루를 정리해준다. 그래서 복기가 단순한 후회가 아니라 **실행 가능한 성장 계획**으로 전환된다.

1일 1성장 시스템 만들기

저녁 복기는 단순한 하루 정리가 아니다. 매일 반복되면 시스템이 된다. 나는 이를 **1일 1성장 시스템**이라고 부른다.

- 1일 1기록: 오늘 있었던 가장 중요한 사건을 기록한다.
- 1일 1교훈: 그 사건에서 배운 한 가지를 정리한다.
- 1일 1행동: 내일 당장 실행할 행동 하나를 정한다.

이 3가지를 매일 쌓으면, 1년 뒤 우리는 365개의 기록, 365개의 교훈, 365개의 행동 자산을 갖게 된다. 이것이 바로 성장을 눈에 보이게 만드는 방법이다.

지금 바로 해볼 실습

오늘 밤, 잠들기 전 AI에게 이렇게 물어보자.

"오늘 하루에서 가장 잘한 행동과 아쉬운 점을 말하면, 내일 성장으로 연결할 계획을 3단계로 정리해줘."

- 내가 말한다: "오늘 회의에서 팀원의 아이디어를 끝까지 듣지 못했다."
- AI가 답한다:
  - Fact: 회의 중 팀원의 아이디어가 충분히 반영되지 않았다.
  - Think: 경청이 부족했다는 교훈을 얻었다.
  - Plan: 내일 회의에서는 먼저 질문을 던지고, 메모하며 경청하자.

이 짧은 대화만으로도 내일은 오늘보다 나은 사람이 된다.

핵심 메시지

- 저녁 복기는 하루를 흘려보내지 않고, 성장을 기록하는 황금 시간이다.
- Fact-Think-Plan 구조는 하루를 경험에서 학습으로, 학습에서 실행으로 바꾼다.
- AI는 하루를 함께 복기하는 거울이자 성장 코치다.
- 1일 1성장 시스템은 작은 습관이 쌓여 큰 변화를 만드는 가장 확실한 방법이다.

9장

질문력이 곧
AI 시대 최강 무기

똑같은 ChatGPT, 다른 결과의 비밀

ChatGPT를 써본 사람들은 공통적으로 이렇게 말한다.

"똑같이 질문했는데, 왜 어떤 사람은 놀라운 답을 얻고, 나는 평범한 답만 나오는 걸까?"

AI는 누구에게나 유사한 알고리즘을 제공한다. 그런데 결과는 천차만별이다. 그 차이를 만드는 것은 **질문력**이다. 질문이 깊을수록 답변도 깊어진다. 질문이 맥락을 담을수록, 답변도 개인화된다. 결국 AI 시대의 성패는 **무엇을 아느냐**가 아니라, **무엇을 어떻게 묻느냐**에 달려있다.

검색이 아닌 질문이 힘이다

예전에는 정보를 얼마나 알고 있느냐가 경쟁력이었다. 그러나 지금은 정보가 넘쳐난다. 오히려 중요한 것은 **정보를 어떻게 연결하고 활용**

할 것인가이다. 그 시작점이 질문이다.

예를 들어, ChatGPT에게 이렇게 물어보자.

- "자기소개서 쓰는 법 알려줘."
  → 답변: 교과서적인 일반 팁이 나열된다.

다시 이렇게 물어보자.

- "나는 인사관리 전공 대학생이고, 이번에 HR 인턴십에 지원한다. 동아리 회장 경험과 교환학생 경험을 자기소개서에 녹이고 싶은데, 어떻게 스토리라인을 만들면 좋을까?"
  → 답변: '리더십 경험을 통해 팀워크를 발휘한 사례'와 '글로벌 시각을 활용한 HR 적합성'이라는 구체적 전략이 제시된다.

똑같은 AI지만, 질문이 달라지니 결과가 완전히 달라진다.

질문력이 성과를 가르는 사례들

- 취준생 지민은 처음에는 "면접 준비 도와줘"라고만 묻곤 했다. 결과는 피상적이었다. 그러나 나와 함께 '상황·맥락·목표'를 담아 질문하는 법을 배우고 나서, AI 답변이 달라졌다. 그는 15번 낙방 끝에 대기업 합격을 거머쥐었다.
- 직장인 수현은 업무 보고서를 작성하며 "보고서 잘 쓰는 법"을 검색하듯

묻다가, "이번 보고서는 CEO 대상이고, 5분 내로 설득해야 한다. 숫자보다 스토리에 집중하고 싶다. 어떤 구조로 짜야 할까?"라고 질문을 바꾸자, AI는 실제 현장에서 통하는 전략을 제시했다. 그 결과 과장으로 승진 과장이 되었다.

- **리더 박 부장**은 "팀 사기가 떨어졌다. 어떻게 회복하지?"라는 추상적 질문에서 시작했다. 이후 "이번 분기 매출이 목표 대비 20% 부족했고, 팀원들은 연속된 실패로 자신감을 잃었다. 아침 미팅에서 어떤 메시지를 던지면 좋을까?"라고 질문을 구체화했다. AI는 상황 맞춤형 동기부여 문장을 제안했고, 팀 분위기가 반등했다.

질문력은 단순한 기술이 아니라, **삶과 성과를 바꾸는 힘**이었다.

좋은 질문은 어떻게 다른가?

나는 교육 현장에서 이렇게 정의한다.
"좋은 질문은 상황·맥락·목표를 담고 있다."

- **상황**: 지금 내가 어디에 있는가? 예: 취준생, 직장인, 리더
- **맥락**: 어떤 환경과 조건 속에 있는가? 예: 대기업 면접, CEO 보고, 팀 사기 저하
- **목표**: 무엇을 얻고 싶은가? 예: 합격, 설득, 동기부여

이 세 가지가 담긴 질문은 AI를 '검색 엔진'에서 '맞춤형 코치'로 바꾼다.

질문력이 곧 자기 성찰력이다

질문은 단순히 답을 얻는 도구가 아니다. 질문을 던지는 순간, 나는 내 상황을 정리하고, 관점을 넓히고, 행동의 방향을 정한다. 즉, **좋은 질문을 하는 순간 이미 성장의 절반은 이루어진다.**

"오늘 하루 잘 보냈나?"라는 질문은 막연하다.

"오늘 내가 가장 잘한 행동과 가장 아쉬운 행동은 무엇이었나?"라고 묻는 순간, 하루는 성찰로 변한다.

AI는 이 질문을 구조화해준다. 질문력이 곧 자기 성찰력이며, 성찰력이 곧 성장력이다.

지금 실습 - 같은 질문, 다른 방식

오늘 AI에게 두 가지 방식으로 질문을 던져보자.

- "시간 관리 잘하는 법 알려줘."
- "나는 30대 직장인이고, 이번 주에 보고서 마감과 회의가 겹쳐 있다. 퇴근 후 공부 시간을 확보하고 싶은데, 효율적인 시간 관리 방법 3가지를 제안해줘."

비교해 보면 알 수 있다. 첫 번째 답변은 책에서 본 듯한 일반론이고, 두 번째 답변은 내 상황을 고려한 맞춤형 전략이다. **질문력이 곧 차별화된 결과를 만든다.**

AI 시대의 새로운 격언

예전에는 "아는 것이 힘"이라고 했다. 하지만 AI 시대에는 이렇게 말할 수 있다.

"묻는 것이 힘이다."

같은 ChatGPT라도 질문에 따라, 평범한 도구가 되기도 하고, 24시간 코치가 되기도 한다. 질문은 단순히 답을 얻는 것이 아니라, 자기 인생을 재디자인하는 시작점이다. AI 시대에 살아남는 힘은 기술력이 아니라, 질문력이다.

핵심 메시지

- 똑같은 ChatGPT라도, 결과의 차이는 질문력에서 나온다.
- 상황·맥락·목표를 담은 질문은 AI를 검색이 아닌 코치로 바꾼다.
- 질문력은 곧 성찰력이며, 성찰력은 곧 성장력이다.
- AI 시대의 최강 무기는 '정보력'이 아니라 '질문력'이다.

APT 질문법 - 초보자도 만드는 파워 질문

나는 교육 현장에서 수없이 이런 질문을 받는다.

"교수님, 좋은 질문을 하려면 어떻게 해야 하나요? 질문이 잘 안 떠오릅니다."

사실 질문력은 타고난 재능이 아니다. 연습과 훈련으로 누구나 키울 수 있는 기술이다. 나는 그 기술을 가장 단순하고 직관적으로 설명하기 위해 APT 질문법을 만들었다.

APT는 세 단어의 약자다.

- A: Aim 목적 – 무엇을 얻고 싶은가?
- P: Perspective 관점 전환 – 다르게 보면 무엇이 보일까?
- T: Trigger 실행 유도 – 오늘 당장 무엇을 할 수 있을까?

이 세 가지만 기억하면, 초보자도 놀라울 만큼 강력한 질문을 던질 수 있다.

Aim - 목적을 묻는 힘

많은 사람들이 질문을 던질 때 목적을 잊는다. 그래서 질문이 막연하다.

"AI 공부하려면 어떻게 해야 하나요?"라고 물으면, AI는 방대한 정보 중 일부를 던져줄 뿐이다. 하지만 여기에 목적을 붙여보자.

"나는 HR 담당자다. 이번 분기 내에 직원 교육 과정에 AI를 도입하고 싶다. 어떤 학습 주제를 먼저 익히면 좋을까?"

목적이 담긴 질문은 답변의 방향을 명확히 한다. 목적 없는 질문은 검색이고, 목적 있는 질문은 전략이다.

Perspective - 관점을 바꾸는 힘

좋은 질문은 하나의 시각에 머물지 않는다. 같은 상황이라도 다른 관점에서 보면 새로운 해법이 보인다. "팀워크를 높이는 방법이 뭘까요?"라고 묻는 대신,

"만약 내가 팀원이 아니라 고객이라면, 이 팀의 협업 방식은 어떻게 보일까?"

"AI가 팀 리더라면, 어떤 방식으로 팀워크를 관리할까?"

이렇게 관점을 바꾼 질문은 AI로부터 상상력 넘치는 답을 이끌어낸다. 관점을 바꾸는 순간, 문제는 새롭게 정의되는 것이다.

Trigger - 행동을 유도하는 힘

많은 질문이 답은 나오지만, 실행으로 이어지지 않는다. 여기서 마지막 단계가 필요하다. 바로 Trigger, 실행을 촉발하는 질문이다. "프레젠테이션을 잘하려면 어떻게 해야 하나요?"라는 질문 대신,

"내일 오전 회의에서 발표할 때, 청중의 관심을 처음 1분 안에 끌 수 있는 문장은 무엇일까?"

이렇게 실행을 전제로 질문을 바꾸면, 답은 곧바로 행동으로 이어진다. AI는 실행 가능한 문장, 행동 지침, 체크리스트를 내놓는다. 질문이 행동으로 연결될 때, 진짜 성과가 만들어진다.

실습: 같은 상황, 다른 질문

같은 상황에서 APT 질문법을 적용하면 어떻게 달라지는지 보자.

상황: 한 대학생이 취업 준비를 하고 있다.
- 일반 질문: "자소서 쓰는 방법 알려주세요."
- APT 질문:
    - Aim: "나는 HR 직무를 희망한다. 이번 자소서에서 가장 강조해야 할 핵심은 무엇일까?"
    - Perspective: "면접관의 입장에서 본다면, 내 동아리 회장 경험은 어떻게 해석될까?"
    - Trigger: "오늘 안에 자소서 초안에서 반드시 작성해야 할 3줄은 무엇일까?"

똑같은 상황이지만, 질문이 달라지니 답변은 구체적이고, 실행 가능하며, 차별화된다.

초보자도 전문가처럼

APT 질문법의 장점은 **누구나 쉽게 적용할 수 있다는 것이다.**

- 학생은 공부 계획을 세울 때,
- 직장인은 보고서를 준비할 때,
- 리더는 팀원과 대화할 때,
  APT 구조로 질문을 바꾸면, 곧바로 AI가 개인 맞춤형 코치로 변한다.

나는 강의 현장에서 이렇게 지도한다.

- "이번 주 목표는 무엇인가요? Aim"
- "그 목표를 다른 관점에서 보면 어떤 기회가 보이나요? Perspective"
- "오늘 안에 실행할 수 있는 작은 행동은 무엇인가요? Trigger"

이 3문장만 습관화해도, 학습자의 삶이 달라진다.

질문을 설계하는 사람이 이긴다

AI 시대에 살아남는 힘은 더 많이 아는 것이 아니라, **더 잘 묻는 것이**

다. APT는 그 첫걸음을 돕는 가장 단순하고도 강력한 도구다.

나는 교육생들에게 늘 이렇게 말한다.

"당신이 AI에게 묻는 질문은 곧 당신이 자신에게 던지는 질문입니다. Aim은 당신의 목표를 명확히 하고, Perspective는 당신의 사고를 넓히며, Trigger는 당신의 행동을 바꾼다. 결국 질문이 바뀌면, 인생이 바뀝니다."

핵심 메시지

- APT = Aim목적 → Perspective관점 전환 → Trigger실행 유도.
- 목적 없는 질문은 검색, 목적 있는 질문은 전략이다.
- 관점 전환 질문은 창의적 해법을 불러온다.
- 실행 유도 질문은 행동을 촉발한다.
- 초보자도 APT를 통해 파워 질문을 만들 수 있다.

매일 질문하면 매일 성장하는 시스템

나는 수많은 사람들을 교육하면서 공통된 고민을 들었다.

"교수님, 배운 건 많은데 왜 성장이 멈춘 것 같을까요?"

"매일 똑같이 반복되는 하루, 달라지지 않는 현실이 지칩니다."

이 문제의 근본 원인은 **성장을 위한 질문 루틴이 없기 때문**이다. 성장은 하루아침에 일어나지 않는다. 작은 질문들이 쌓여서 생각을 바꾸고, 행동을 이끌며, 결국 결과를 바꾼다. 그래서 나는 "매일 질문하면 매일 성장한다"는 원칙을 강조한다.

질문 루틴이 성장의 엔진이 된다

사람은 본능적으로 하루를 흘려보내기 쉽다. 출근, 회의, 퇴근, 그리고 습관처럼 흘러가는 저녁. 그러나 그 안에 질문이 들어오면, 같은 하루가 완전히 달라진다.

예를 들어 보자.

- 아침 질문: "오늘 꼭 배우고 싶은 것은 무엇인가?"
- 점심 질문: "지금 내 선택이 올바른 방향인가?"
- 저녁 질문: "오늘 내가 성장한 한 가지는 무엇인가?"

이 세 가지 질문만으로도 하루는 '소비된 하루'에서 '축적된 하루'로 변한다.

ChatGPT와 함께 만드는 '질문 시스템'

AI 시대의 장점은 질문 루틴을 혼자만의 노력으로 만들 필요가 없다는 것이다. ChatGPT는 24시간 질문 코치가 되어 준다.

나는 학생들과 직장인들에게 다음과 같은 방법을 추천한다.

- 매일 아침 ChatGPT에 "오늘 내가 집중해야 할 한 가지는 무엇일까?"라고 묻는다.
- 업무 중간에는 "지금 하는 일이 내 목표와 연결되어 있는가?"라고 확인한다.
- 저녁에는 "오늘 내가 배운 것을 3줄로 정리해줘"라고 입력한다.

이 단순한 루틴만으로도 AI는 기록을 돕고, 반복된 질문을 통해 성장의 궤적을 보여준다. 질문이 시스템화되면, 성장은 더 이상 '우연'이 아니라 '습관'이 된다.

작은 질문이 만드는 큰 변화: 실제 사례

- **취업 준비생 민지:** 매일 "오늘 자기소개서에 추가할 수 있는 한 줄은?"이라는 질문을 했다. 3개월 후, 자기소개서가 완성되었을 뿐 아니라 면접에서 자연스럽게 답할 수 있는 자신감도 생겼다.
- **직장인 동혁:** 퇴근 전 "오늘 회의에서 내가 얻은 인사이트는?"을 ChatGPT와 정리했다. 6개월 뒤, 그는 스스로도 몰랐던 강점을 발견했고, 팀장을 설득해 새로운 프로젝트 리더가 되었다.
- **창업자 은정:** 매일 아침 "내 고객에게 오늘 줄 수 있는 가장 작은 가치 한 가지는?"을 물었다. 이 질문은 제품 개발의 방향성을 바꾸었고, 결국 투자 유치까지 이어졌다.

세 사람의 공통점은 크지 않다. 단순히 **매일 질문하는 습관**이 있었을 뿐이다. 그러나 결과는 놀라웠다.

심리학자들은 '자기 성찰self-reflection'이 학습 효과와 성과 향상에 결정적이라고 말한다. 하루 5분의 성찰이 기억을 강화하고, 행동을 교정하며, 새로운 통찰을 낳는다.

AI는 이 성찰을 돕는 최고의 도구다. ChatGPT는

- 기록을 자동으로 축적해준다.
- 같은 질문을 반복하면, 성장의 흐름을 눈에 보이게 정리해준다.

- 필요할 때 즉시 피드백을 준다.

이렇게 형성되는 질문-기록-피드백-재질문의 루프는 단순한 학습이 아니라, 지속적 성장 시스템이다. AI는 나의 질문을 통해 나를 이해하고, 나는 AI의 피드백을 통해 나를 다시 정의한다. 그 순환의 흐름 속에서 AI는 데이터의 도구가 아니라, 자기 성찰의 동반자가 된다.

당신만의 '하루 질문 시스템' 만들기

이제 독자에게 권하고 싶다. 오늘부터 다음의 3단계를 실천해 보라.

- 핵심 질문 정하기
  - 아침: "오늘 내가 꼭 이루고 싶은 것은?"
  - 점심: "내가 지금 잘하고 있는 것은?"
  - 저녁: "오늘 배운 교훈은 무엇인가?"
- AI에게 답하게 하기
  - 각 질문을 ChatGPT에 입력하고 간단히 대화하라.
  - 단순 기록도 좋고, 생각의 확장도 가능하다.
- 하루를 축적하기
  - 기록을 이어 붙이면, 일주일 뒤에는 나만의 성장 일지가 된다.
  - 한 달 뒤에는 눈에 보이는 변화가 나타난다.

나는 많은 사람들에게 이렇게 말했다.

"매일 운동을 하면 몸이 변한다. 매일 질문을 하면 인생이 변한다."

AI 시대에 이 말은 더 강력해졌다. ChatGPT와 같은 도구가 우리 곁에 있기 때문이다. 매일 질문하는 사람은 매일 성장한다. 결국, 그 차이가 1년 후 완전히 다른 인생을 만든다.

> **핵심 메시지**
> - 질문은 성장을 위한 매일의 엔진이다.
> - ChatGPT와 함께라면 질문은 습관이 되고, 습관은 시스템이 된다.
> - 크고 어려운 목표보다, 작은 질문을 매일 반복하는 것이 인생을 바꾼다.
> - 오늘부터 시작하라. "오늘 내가 할 수 있는 가장 작은 질문은 무엇일까?"

질문이 바뀌니 인생이 바뀌었다

"나는 왜 항상 실패할까?"

"왜 나만 기회가 없을까?"

많은 사람들이 이런 질문을 반복하며 하루를 시작하고 끝낸다. 그런데 이 질문 속에는 이미 **멈춤의 프레임**이 숨어 있다. "왜?"라는 물음은 때로 이유만 찾아내고, 변화를 가로막는다. 그러나 질문을 살짝 바꾸면 전혀 다른 길이 열린다.

"다음엔 어떻게 하면 성공할 수 있을까?"

"지금 이 자리에서 내가 할 수 있는 가장 작은 한 걸음은 무엇일까?"

이렇게 질문이 바뀌는 순간, 생각이 달라지고, 행동이 달라지며, 결국 인생의 궤도가 달라진다. 나는 수많은 교육 현장에서, 또 내 삶의 여정 속에서 이 단순하지만 위대한 사실을 반복해서 확인해왔다.

질문 하나가 운명을 바꾼다

내가 만난 한 청년 지민은 대기업 면접에서 15번이나 떨어졌다. 그는 늘 "왜 나는 안 될까?"를 되뇌었다. 그러나 이 질문은 그를 위축시키고 자책으로 몰아넣었다. 내가 그에게 제안한 건 단순했다.

"왜 떨어졌을까?" 대신

"다음 면접에서 합격 가능성을 높이려면 무엇을 바꿔야 할까?"라고 물어보라는 것이었다.

질문 하나를 바꾼 순간, 그는 태도를 바꿨다. 피드백을 적극적으로 구하고, 자기소개서를 다시 쓸 때도 "어떻게 하면 더 설득력 있게 쓸까?"에 집중했다. 결국 그는 16번째 도전에서 합격했다. 지민은 이렇게 말했다.

"교수님, 질문 하나가 제 인생을 바꿨습니다."

질문은 성장을 가속화한다

직장인 수현은 같은 자리에 머물며 답답해했다. 그의 질문은 늘 같았다.

"언제쯤 승진할 수 있을까?"

그러나 이 질문은 기회를 기다리게만 했다. 내가 던진 질문은 달랐다.

"회사 입장에서 당신을 승진시켜야 하는 이유는 무엇일까요?"

그 순간, 수현의 질문도 바뀌었다.

"내가 조직에 더 크게 기여하려면 무엇을 해야 할까?"

그는 스스로 프로젝트를 제안하고 ChatGPT를 활용해 보고서를 만들었다. 6개월 만에 성과를 냈고, 과장으로 승진 과장이 되었다. 그는 내게 이렇게 말했다.

"질문을 바꿨을 뿐인데, 기회가 따라왔습니다."

작은 질문이 큰 가능성을 여는 법

주부 정희는 10년 만에 다시 사회에 나오려 했지만 두려움에 사로잡혀 있었다.

"내가 뭘 할 수 있을까?"라는 막연한 질문은 너무 크고 무거웠다.

나는 그녀에게 말했다.

"질문을 줄여보세요. '오늘 내가 할 수 있는 가장 작은 일은?'이라고."

그녀는 매일 ChatGPT에 자기소개서 문장을 하나씩 다듬기 시작했다. 작은 질문이 쌓여, 결국 완성된 자기소개서가 생겼고, 6개월 뒤 재취업에 성공했다. 그녀는 내게 이렇게 고백했다.

"질문이 작아지니, 제 가능성은 커졌습니다."

AI 시대, 질문이 곧 경쟁력이다

AI는 질문을 바꾸는 순간 더 큰 힘을 발휘한다. "AI가 내 일을 빼앗지 않을까?"라고 물으면 불안이 커진다. "AI와 함께 내 일을 더 잘하려면 어떻게 해야 할까?"라고 물으면 기회가 열린다.

같은 ChatGPT라도 질문에 따라 결과가 완전히 달라진다. 이것이 바로 AI 시대의 질문력이다. AI는 답을 주는 존재가 아니라, 내가 던지는 질문에 따라 무궁무진한 길을 열어주는 존재다. 결국 질문이 나의 미래를 설계한다.

질문을 바꾸는 실천법

그렇다면 어떻게 질문을 바꿀 수 있을까? 나는 세 가지 원칙을 제안한다.

- 부정에서 긍정으로
  - "왜 안 될까?" → "된다면 어떻게 될까?"
- 막연함에서 구체로
  - "언제쯤 기회가 올까?" → "오늘 내가 기회를 만들 수 있는 방법은?"
- 결과에서 과정으로
  - "언제 성공할까?" → "오늘 한 걸음 나아가기 위해 무엇을 할까?"

이 세 가지만 지켜도 질문이 달라지고, 삶의 속도가 달라진다.
나는 이 문장을 이 책의 독자 모두에게 전하고 싶다.
"질문이 바뀌니 인생이 바뀌었다."
이 문장은 내 인생의 경험이자, 내가 만난 사람들의 체험이며, 무엇보다 AI 시대를 살아가는 우리 모두가 실천할 수 있는 가장 확실한 성장법이다. 오늘 당신이 던지는 질문이, 내일 당신의 삶을 새롭게 디자인할 것이다.

핵심 메시지

- 질문은 단순한 말이 아니라 생각의 방향타다.
- 질문이 바뀌면 생각이 달라지고, 행동이 달라지며, 결국 인생이 달라진다.
- AI 시대에는 질문이 곧 경쟁력이다. ChatGPT는 내가 어떤 질문을 던지느냐에 따라 친구가 되기도, 코치가 되기도, 전략가가 되기도 한다.
- "질문이 바뀌니 인생이 바뀌었다." 이것은 단순한 수사가 아니라 내가 교육 현장에서, 그리고 수많은 사람들의 이야기 속에서 확인한 진리다.

10장

AI와 함께 성공한 평범한 사람들

취준생 지민: 15번 떨어진 후 대기업 합격까지

"교수님, 저는 이제 더 이상 자신이 없습니다. 열다섯 번이나 떨어졌는데, 저는 안 되는 사람인가 봐요."

지민은 그렇게 말하며 고개를 떨구었다. 어깨가 축 처진 그의 모습은 그간의 실패와 좌절을 그대로 보여주고 있었다. 그는 성실했고, 준비도 했다. 하지만 매번 결과는 불합격이었다. 지민이 붙잡고 있던 문제는 능력 부족이 아니었다. 그것은 **질문의 방향**이었다.

"왜 나는 떨어질까?"라는 질문의 함정

처음 만났을 때 지민이 반복하던 질문은 단 하나였다.

"왜 나는 안 될까요? 왜 이렇게 운이 없을까요?"

이 질문은 답을 찾기보다 자책만 불러왔다. 그는 자기소개서를 고치면서도 "이 부분이 문제일까?"만 되뇌었고, 모의 면접에서도 "내가 뭘 잘못했을까?"라는 생각에 사로잡혀 있었다. 질문이 멈춤의 프레임을 만들고 있었던 것이다.

나는 지민에게 조심스럽게 제안했다.

"질문을 조금 바꿔보면 어떨까요?

'왜 떨어졌을까?' 대신에 '다음 면접에서 합격 가능성을 높이려면 무엇을 해야 할까?'"

질문이 바뀌자 행동이 달라졌다

지민은 처음에는 어색해했다. 하지만 곧 그는 ChatGPT를 켜고 질문을 입력하기 시작했다.

- "내 경험 중에서 이 회사가 주목할 만한 강점은 무엇일까?"
- "내 자기소개서를 더 설득력 있게 고치려면 어떤 구조가 필요할까?"
- "면접에서 이 질문이 나오면, 어떤 사례를 들어 답하는 게 좋을까?"

ChatGPT는 단순한 답변이 아니라, 생각의 방향을 열어주는 새로운 프레임을 제시했다. 그는 매일 같은 질문을 반복하며 자기소개서를 다듬었고, 모의 면접 답변을 훈련했다. 불안은 조금씩 줄었고, 대신 자신감이 채워졌다.

16번째 도전, 달라진 결과

합격을 향한 16번째 도전은 이전과 달랐다. 면접장에 들어가기 전, 그는 스스로에게 속삭였다.

"오늘 내가 보여줄 수 있는 최고의 답은 무엇일까?"

그의 태도는 확실히 달라져 있었다. 목소리는 또렷했고, 눈빛은 흔들리지 않았다. 면접관 앞에서도 그는 준비된 답을 암기하는 대신, 자신의 이야기를 자연스럽게 풀어냈다.

며칠 후, 지민은 합격 통보를 받았다. 그는 눈시울을 붉히며 이렇게 말했다.

"교수님, 결국 제 인생을 바꾼 건 ChatGPT가 아니라, 질문이었습니다. 질문이 달라지니 생각이 달라졌고, 행동이 달라졌고, 결과가 달라졌습니다."

지민이 만든 3가지 질문 루틴

지민의 변화 뒤에는 단순하지만 강력한 질문 습관이 있었다.

- 아침 질문 – 오늘의 방향 잡기
  "오늘 내가 꼭 준비해야 할 면접 역량은 무엇일까?"
- 낮의 질문 – 실행 점검하기
  "지금 내가 연습하는 답변이 이 회사의 인재상과 연결되는가?"
- 저녁 질문 – 하루를 학습으로 전환하기
  "오늘 모의 연습에서 내가 배운 교훈은 무엇일까?"

이 단순한 질문 루틴을 ChatGPT와 함께 매일 반복하면서, 그는 자신만의 성장 곡선을 만들었다.

평범한 사람도 비범한 결과를 만든다

지민은 특별한 스펙을 가진 인재가 아니었다. 해외 유학의 화려한 이력도, 대기업 인턴 경험도 없었다. 그는 그저 성실하게 매일을 버티던 평범한 취준생이었다.

그러나 어느 날, 그는 방향을 바꿨다. 스펙이 아니라 질문을 바꾸기로 한 것이다.
"왜 나는 안 될까?"에서 "나는 어떤 가치를 줄 수 있을까?"로.
그 한 줄의 질문이 그의 생각을 뒤집었고, 그 생각의 전환이 결국 인생의 흐름을 바꿨다.

15번의 불합격은 더 이상 실패가 아니었다. 그에게 그것은 '성장을 위한 15개의 피드백'이자, 다음 도전을 위한 학습 루프였다.

그 여정의 곁에는 ChatGPT가 있었다. 지민에게 ChatGPT는 단순한 AI 도구가 아니었다.
새벽에도 대화를 이어주는 24시간 코치, 거울처럼 생각을 비춰주는 멘털 파트너였다. 그는 AI와 함께 질문을 다듬고, 답을 찾고, 자신을 재정의했다.

결국 지민은 자신이 찾던 '합격'을 넘어, 자신이 몰랐던 '가능성'을 발견했다. 그의 이야기는 우리 모두에게 이렇게 말한다.

"질문이 바뀌면, 인생이 바뀐다."

AI 시대, 그 변화는 더 빠르고, 무엇보다 더 자신답게 다가온다.

핵심 메시지

- "왜 안 될까?"라는 질문은 사람을 멈추게 하지만, "어떻게 하면 될까?"라는 질문은 사람을 움직이게 한다.
- ChatGPT는 답을 주는 기계가 아니라, 질문을 통해 나를 성장시키는 도구다.
- 매일의 작은 질문이 결국 큰 변화를 만든다.
- 평범한 사람도 질문 하나로 비범한 결과를 만들 수 있다.

직장인 수현:
대리에서 과장으로 승진

"언제까지 이 자리일까요?"

수현은 내 강의가 끝난 후 조용히 찾아와 이렇게 물었다. 같은 회사에서 대리로 일했지만, 더 이상 성장하지 않는 느낌이 그를 짓누르고 있었다. 주변 동기들은 차례차례 승진했고, 후배들까지 자신을 추월하는 것을 보며 자존감은 바닥을 쳤다. 그는 늘 스스로를 이렇게 몰아붙였다.

"나는 왜 안 될까? 도대체 뭐가 문제일까?"

답이 나오지 않는 질문

수현의 질문은 늘 **불만과 좌절의 회로** 안에 머물러 있었다. "왜 나는 안 될까?"라는 물음은 스스로의 부족함만 확인하게 만들었고, 그 답은 항상 막연했다. 그가 쌓아온 성과와 노력조차 "부족하다"는 결론으로 왜곡되었다.

나는 수현에게 새로운 질문을 던졌다.

"회사가 당신을 승진시켜야 하는 이유는 무엇일까요?"

그는 잠시 말을 잃었다. 그리고 이 질문이 그의 마음을 흔들어 놓았다.

질문이 바뀌자 행동이 달라졌다

수현은 ChatGPT를 켰다. 그리고 새로운 질문을 던졌다.

- "내 업무 성과를 더 잘 보여주려면 어떻게 정리해야 할까?"
- "부서의 전략 목표와 나의 기여를 연결해 보여주려면 어떤 프레임이 필요할까?"
- "리더가 원하는 핵심 지표는 무엇이고, 나는 그중 어디에 강점을 발휘할 수 있을까?"

AI는 단순한 글쓰기 보조를 넘어, 전략적인 사고의 틀을 열어주었다. 수현은 보고서를 다르게 쓰기 시작했다. 단순히 '한 달간 처리한 업무 목록'이 아니라, '부서 목표와 연결된 성과 지표'로 정리했다.

ChatGPT로 만든 '작은 성공'

그는 작은 시도부터 시작했다. 팀 회의에서 보고서를 발표할 때,

ChatGPT가 정리해준 구조를 활용했다. 예전에는 "지난주에는 이 업무를 했습니다"라고 단순히 나열하던 보고가, 이제는 "이번 성과는 부서 KPI와 직결되며, 이를 통해 고객 불만 건수가 15% 줄었습니다"라는 스토리텔링으로 바뀌었다.

처음엔 팀원들이 놀란 눈빛을 보였다. "수현이 왜 갑자기 이렇게 명확하게 얘기하지?" 그 변화는 곧 상사의 눈에도 들어왔다. 작은 성공이 하나둘 쌓이며 그는 자신감을 되찾았다.

승진을 끌어당긴 3가지 변화

수현의 변화는 결국 승진으로 이어졌다. 그는 회사에서 과장으로 승진했다. 그 과정에서 그가 실천한 세 가지는 단순했지만 강력했다.

- 질문을 전략으로 바꾸기
  - "왜 승진을 못 할까?" 대신, "회사가 원하는 가치를 내가 어떻게 보여줄까?"
- 성과를 스토리로 전달하기
  - 숫자와 데이터 뒤에 숨은 의미를 연결해 상사에게 전달했다.
- AI를 활용해 실행 가속화하기
  - ChatGPT와 함께 보고서·발표를 훈련하며, 생각을 현실로 빠르게 전환했다.

평범한 직장인의 비범한 도전

수현은 특별한 인맥도, 탁월한 스펙도 없었다. 그러나 질문이 달라지자 그의 태도와 행동이 바뀌었고, 결국 결과도 달라졌다. 그는 내게 이렇게 말했다.

"교수님, 저는 승진을 기다린 게 아니라, 질문을 바꾸며 승진을 끌어당겼습니다."

수현의 이야기는 우리 모두에게 울림을 준다.

"질문은 운명을 기다리는 것이 아니라, 운명을 끌어당기는 힘이다."

핵심 메시지

- 질문이 달라지면, 전혀 다른 길이 열릴 수 있다.
- "왜?"라는 불만의 질문 대신, "어떻게?"라는 전략의 질문이 성장의 열쇠다.
- ChatGPT는 직장인의 보고·발표·성과 전달 방식을 혁신하는 실행 파트너이다.
- 평범한 직장인도 질문 하나로 승진 리더가 될 수 있다.

창업자 민수: 폐업 위기에서 30억 투자 유치까지

"대표님, 이번 달까지만 버틸 수 있을 것 같습니다."

재무팀장의 보고는 민수에게 청천벽력과도 같았다. 그가 땀과 눈물로 일군 스타트업은 창업 3년 만에 문 닫을 위기에 처했다. 계좌에는 3개월 치 인건비도 남아 있지 않았고, 투자자들의 관심도 차갑게 식어 있었다. 민수는 책상 앞에서 머리를 감싸쥐며 스스로에게 물었다.

"나는 여기까지인가? 다시 처음으로 돌아가야 하나?"

절망 속에서 나온 질문

그의 머릿속을 맴도는 질문은 단 하나였다.

"왜 이렇게까지 망가졌을까?"

그러나 이 질문은 해답이 되지 못했다. 불황 탓일까, 경험 부족 탓일까, 아니면 제품의 한계 때문일까. 원인을 찾을수록 마음만 더 무거워졌다. 그러던 어느 날, 그는 강의에서 들었던 말을 떠올렸다.

"질문을 **바꾸면** 길이 열린다."

그는 ChatGPT를 켜고 처음으로 다른 질문을 던졌다.

"폐업 위기 상황에서 내 회사를 살릴 수 있는 방법은 무엇일까?"

AI와 함께 찾은 새로운 돌파구

AI의 답은 예상 밖이었다. 단순히 "비용 절감"이나 "신규 투자자 발굴" 같은 원론적 조언이 아니라, **시장을 다시 정의하라**는 제안이었다.

ChatGPT는 이렇게 말했다.

"당신의 제품이 실패한 이유를 찾기보다, 지금 사회가 가장 필요로 하는 문제를 다시 탐색해 보세요. 그 문제를 기존 자원과 팀으로 어떻게 해결할 수 있을지 구체적으로 설계해 보세요."

민수는 머리를 맞은 듯했다. 그는 곧바로 팀을 소집해 AI와 함께 브레인스토밍을 시작했다.

- 현재 시장에서 가장 긴급한 문제는 무엇인가?
- 우리의 기술은 그 문제 해결에 어떻게 전환될 수 있는가?
- 투자자들에게 설득력 있게 보여줄 새로운 스토리는 무엇인가?

'문제 재정의'에서 시작된 반전

민수의 스타트업은 원래 B2C 중심의 앱 서비스를 만들고 있었다. 하지만 시장 경쟁이 치열했고, 사용자 확보에 실패하면서 벼랑 끝에 몰렸다.

ChatGPT와의 대화를 통해 그는 발상을 전환했다. **같은 기술을 기업용 솔루션으로 전환**하자는 아이디어였다. 고객의 문제를 '소비자'에서 '기업'으로 재정의한 것이다.

AI는 그 과정에서 시장 데이터와 글로벌 성공 사례까지 제시해 주었다. 민수는 이를 바탕으로 새로운 사업 피치덱을 준비했다. 투자자들이 가장 궁금해할 부분 — 시장 규모, 경쟁 우위, 수익 모델 — 모두 ChatGPT와 함께 보완했다.

투자자 앞에서 달라진 민수

몇 주 뒤, 그는 다시 투자자 앞에 섰다. 그러나 이번 발표는 달랐다. 예전에는 "우리 제품이 얼마나 기술적으로 뛰어난가"를 강조했지만, 이번에는 이렇게 시작했다.

"지금 기업들이 겪는 가장 큰 문제는 OOO입니다. 저희 팀은 이 문제를 해결하기 위한 최적의 솔루션을 제공합니다."

투자자들의 눈빛이 달라졌다. 질문이 빗발쳤고, 그는 당당하게 답했다. 그 과정에서 ChatGPT가 도와준 수많은 시뮬레이션 답변이 큰 힘이 되었다.

기적처럼 찾아온 30억 투자

며칠 후, 한 벤처캐피털로부터 연락이 왔다. "귀사의 새로운 사업 전환 전략이 설득력이 있네요. 30억 투자를 검토 하려고 합니다."

민수는 눈시울이 뜨거워졌다. 불과 몇 달 전만 해도 폐업을 고민했던 그였다. 그러나 질문을 바꾸고, AI와 함께 새로운 해답을 찾으면서, 그는 다시 기회의 문을 열 수 있었다.

민수가 남긴 교훈

투자를 확정받은 날, 민수는 팀원들을 바라보며 조용히 말했다.
"우리가 살아남은 이유는 기술도, 운도 아니었다.
바로 질문이었다."

그의 목소리에는 확신이 묻어 있었다.
"우리가 살아남은 이유는 기술도, 운도 아니었다. 바로 질문이었다. '왜 망했을까?'에서 '어떻게 살릴 수 있을까?'로 질문을 바꾼 순간, 우리는 새로운 길을 보았다. 그리고 AI는 그 길을 더 빠르고 구체적으로 보여주는 지도였다."

그 변화는 단지 스타트업의 생존 이야기가 아니었다. 질문 하나가 관점을 바꾸고, 관점 하나가 전략을 바꾸고, 전략 하나가 결국 회사를 살렸다.

민수의 이야기는 창업자만의 이야기가 아니다. 삶과 일, 그리고 관계의 모든 장면에서 우리는 종종 "왜?"라는 자책의 질문에 머문다. 하지만 진짜 전환은 "어떻게?"라는 실행의 질문에서 시작된다.

'왜 나는 힘들까?'에서 '어떻게 다시 설까?'로,
'왜 안 될까?'에서 '어떻게 가능하게 할까?'로.

그 한 문장이 회사를 살리고, 사람을 살리고,
결국 인생을 구한다.

핵심 메시지
- 질문은 위기 속에서 생존과 도약을 가르는 차이다.
- ChatGPT 같은 AI는 단순한 답변 도구가 아니라, 질문을 통해 새로운 길을 제시하는 전략 파트너다.
- 위기를 기회로 전환하려면, 문제를 다시 정의하고 그 안에서 새로운 가능성을 찾아야 한다.
- 평범한 창업자도 질문을 바꾸면, 폐업 위기에서 투자 유치라는 반전을 만들어낼 수 있다.

주부 정희:
경력단절 10년 만의 성공적 재시작

"선생님, 저는 너무 오래 쉬었어요. 다시 사회로 나갈 수 있을까요?"

정희는 두 아이를 키우느라 10년 동안 전업주부로 살았다. 아이들이 중학교에 들어가면서 그는 다시 일을 하고 싶다는 마음이 간절해졌다. 하지만 세상은 이미 많이 달라져 있었다. 구인 공고를 보면 '신입 3년 이상', '최신 디지털 툴 활용 가능자' 같은 조건이 버티고 있었다. 정희는 한숨을 쉬며 스스로를 자책했다.

"내가 뭘 할 수 있을까? 너무 늦은 건 아닐까?"

막막함 속의 첫 질문

정희가 처음 ChatGPT를 만난 건 취업 특강을 듣고 난 직후였다. 강의에서 나는 이렇게 말했다.

"AI를 두려워하지 말고, 친구처럼 질문해 보세요. 그리고 '왜 못할까?'가 아니라, '어떻게 다시 시작할 수 있을까?'라고 물어보세요."

집에 돌아온 그는 용기를 내어 ChatGPT에 질문을 던졌다.

"10년 전 경력이 끊긴 전업주부인데, 지금 다시 일을 시작하려면 무엇을 준비해야 할까요?"

잠시 후, 화면에 답이 떴다.

- 과거 경력을 재정리하라.
- 최신 디지털 툴과 협업 툴을 간단히 익혀라.
- 작은 프로젝트나 프리랜서 경험부터 시작해 경력 복귀를 자연스럽게 만들라.

정희는 답을 읽으며 눈시울이 붉어졌다. "내 상황을 이해해 주는 사람이 있다"는 느낌이 들었기 때문이다.

작은 질문, 작은 시작

정희는 매일 아침 작은 질문을 던지기 시작했다.

- "오늘 내가 배워야 할 디지털 툴은 무엇일까?"
- "자기소개서 첫 문장을 더 따뜻하게 쓰려면 어떻게 해야 할까?"
- "아이 키우면서 배운 경험을 업무 역량으로 표현하려면 어떤 문장을 쓰면 좋을까?"

ChatGPT는 그에게 자기소개서의 문장을 다듬어 주고, '육아 경험을 통해 기른 조직 관리 능력', '가족 예산 관리 경험을 재무 역량으로 전환' 같은 표현을 제안했다. 정희는 놀랐다. 그동안 '단절'이라고만 여겼던 10년의 시간이 사실은 자산이 될 수 있다는 것을 처음 알았기 때문이다.

AI와 함께한 모의 인터뷰

정희의 가장 큰 두려움은 면접이었다. 그는 "10년 공백을 어떻게 설명해야 할까" 하는 질문에 늘 막혔다. 나는 그에게 ChatGPT와 모의 인터뷰를 해보라고 권했다.

그는 AI에게 이렇게 물었다.

"면접관이 '10년간 왜 일을 안 했나요?'라고 묻는다면, 어떻게 대답해야 할까요?"

ChatGPT는 여러 가지 대안을 제시했다.

- "아이들을 돌보는 과정에서 소통력과 문제 해결력을 키웠습니다."
- "경력은 비워졌지만, 그 시간 동안 배운 것은 앞으로 조직에서 더 오래 기여할 수 있는 기반이 됩니다."

정희는 이 답변을 반복해서 연습했다. 거울 앞에서, 또 ChatGPT와 시뮬레이션하며 자신감을 쌓았다.

첫 합격의 순간

몇 달 뒤, 정희는 한 중견기업의 면접을 보게 되었다. 면접관이 예상대로 물었다.

"10년간 경력이 없으셨는데, 왜 다시 일을 하려고 하시나요?"

그는 ChatGPT와 함께 연습한 답을 꺼냈다.

"저는 지난 10년 동안 두 아이를 키우며 시간 관리와 위기 대처 능력을 배웠습니다. 그리고 지금은 그 경험을 회사의 성장에 기여할 자산으로 쓰고 싶습니다."

면접관의 표정이 부드러워졌다. 며칠 후, 정희는 최종 합격 전화를 받았다. 전화를 끊자마자 그는 눈물을 흘리며 이렇게 말했다.

"저를 다시 사회로 불러낸 건 용기였지만, 그 용기를 키운 건 질문이었어요."

정희가 만든 성장 루틴

정희가 경력단절을 넘어설 수 있었던 비밀은 단순했다. 작은 질문을 매일 반복한 것이었다.

- 아침 질문: "오늘 내가 배워야 할 한 가지는 무엇일까?"
- 점심 질문: "지금 배운 것을 업무에 어떻게 적용할 수 있을까?"
- 저녁 질문: "오늘 내가 성장한 한 가지는 무엇일까?"

이 질문 루틴은 그가 매일 조금씩 달라지도록 이끌었고, 결국 10년의 공백을 뛰어넘는 자신감을 만들었다.

정희의 이야기는 우리 모두에게 메시지를 던진다. 질문은 과거를 단절이 아닌 자산으로 바꾸는 힘이다. 그리고 AI 시대에 그 힘은 누구에게나 열려 있다.

핵심 메시지

- 경력단절은 단절이 아니라, 새로운 출발을 준비하는 공백기일 수 있다.
- "내가 뭘 할 수 있을까?"라는 막연한 질문 대신, "오늘 내가 할 수 있는 가장 작은 일은 무엇일까?"라는 질문이 변화를 만든다.
- ChatGPT는 자기소개서, 면접, 학습까지 지원하는 24시간 코치가 된다.
- 평범한 주부도 질문을 바꾸고 AI를 친구로 삼으면, 다시 사회에 성공적으로 복귀할 수 있다.

자영업자 만수:
월 매출 500만 원에서 2000만 원으로

"사장님, 요즘 장사 어때요?"

동네 주민이 무심히 던진 인사말에 만수는 애써 웃었다. 사실 그의 가게는 한계에 부딪혀 있었다. 치킨집을 운영한 지 5년, 코로나를 거치며 매출은 반 토막이 났고, 월세와 인건비를 내고 나면 남는 게 거의 없었다. 월 매출 500만 원. 노력은 했지만 답이 보이지 않았다.

그런 만수가 다시 일어선 계기는 의외로 단순했다. 우연히 본 기사에서 "소상공인도 AI를 활용해 매출을 4배 이상 늘릴 수 있다"는 사례를 접한 것이다. 그는 속으로 중얼거렸다.

"내가 AI를 쓴다고 매출이 오를까? …아니, 지금은 뭐라도 해봐야지."

첫 질문: "내 가게 매출을 올리려면 뭘 해야 할까?"

만수는 처음으로 ChatGPT에 질문을 던졌다.

"치킨집 매출을 늘릴 방법을 알려줘."

AI는 구체적으로 답했다.

- 온라인 리뷰 관리 강화
- 지역 기반 SNS 홍보
- 배달앱 키워드 최적화
- 단골 고객 대상 멤버십 제도 운영

그는 답을 읽고 고개를 끄덕였다. 막연했던 불안을 "실행 가능한 목록"으로 바꿔 준 것이었다.

리뷰의 힘을 발견하다

그동안 만수는 손님이 남기는 리뷰를 대수롭지 않게 여겼다. 그런데 ChatGPT는 이렇게 조언했다.

"리뷰는 온라인 시대의 간판입니다. 별점 하나가 매출을 결정합니다."

AI는 정성스러운 리뷰 답변 예시를 직접 써주었다.

- "고객님, 따뜻한 말씀 감사합니다. 다음 번에는 신메뉴 서비스로 보답하겠습니다."

- "불편하셨다면 진심으로 사과드립니다. 말씀 주신 부분은 바로 개선하겠습니다."

만수는 그대로 따라 하기 시작했다. 며칠 뒤, 단골 한 명이 "사장님이 리뷰에 답글 달아줘서 감동했다"며 친구 세 명을 데리고 왔다. 작은 변화가 새로운 매출로 이어진 것이다.

SNS, 손님이 몰려드는 통로

만수는 SNS에 글을 잘 쓰지 못했다. 하지만 ChatGPT는 사진 한 장만 보내도 글귀를 만들어 주었다.

"오늘은 바삭한 '갈릭허니 치킨'이 손님을 기다립니다. 달콤하면서도 짭조름한 맛, 퇴근길에 꼭 들러주세요!"

그는 이 문장을 그대로 인스타그램에 올렸다. 반응은 즉각적이었다. '맛있겠다', '가봐야지'라는 댓글이 늘었고, 실제로 SNS 보고 왔다는 손님도 등장했다.

배달앱의 비밀

배달앱 광고는 늘 돈만 잡아먹는다고 생각했다. 하지만 AI는 달랐다.

"검색 키워드를 최적화하면 광고비를 줄이고도 매출을 늘릴 수 있습니다."

AI는 '치맥', '퇴근길', '야식' 같은 키워드를 추천해 주었고, 만수는 이를 광고 문구에 적용했다. 불과 2주 만에 배달 주문 건수가 1.7배 늘었다.

단골을 VIP로 대접하다

가장 큰 변화는 멤버십 제도였다. ChatGPT가 제안한 방식은 간단했다.

- 5회 방문 시 무료 음료 제공
- 생일 주간 무료 사이드 메뉴 증정
- 멤버십 고객 전용 신메뉴 시식회

처음엔 번거롭다고 생각했지만, 단골 손님들이 "VIP 대접받는 느낌"이라며 자발적으로 홍보를 해주었다. 어느새 손님들은 단순한 고객이 아니라, 가게의 '팬덤'이 되었다.

매출 500만 원에서 2000만 원으로

변화는 빠르게 찾아왔다. 리뷰 관리와 SNS 홍보, 키워드 최적화, 멤버십 제도 — 이 4가지가 시너지를 내며 매출이 눈에 띄게 상승했다.

- 첫 달: 500만 원 → 800만 원
- 세 달 후: 1200만 원

- 여섯 달 후: 2000만 원

만수는 어느 날 통장을 보며 눈시울이 붉어졌다.
"이제 직원 월급 줄 때 미안하지 않다. 나도 해낼 수 있었다."
만수는 이제 다른 소상공인들에게 이렇게 말한다.
"AI가 매출을 올려준 게 아닙니다. 질문하고 실행한 내가 변한 겁니다. 하지만 그 변화를 시작하게 만든 건, 분명 AI였습니다."

핵심 메시지

- **질문이 시작이다.** "어떻게 매출을 올릴까?"라는 질문이 답을 불러왔다.
- **AI는 실행 파트너다.** 리뷰 답변, SNS 홍보, 키워드 설정까지 곁에서 도와주는 조언자가 되었다.
- **작은 실행이 큰 성과로 이어진다.** 답글 하나, 게시물 하나가 매출 곡선을 바꿨다.
- **사람이 중심이다.** 결국 손님은 '서비스'보다 '마음을 담은 태도'에 반응했다.

당신의 이야기: 지금 시작하면 1년 후 주인공

이 책을 읽고 있는 지금, 아마 당신은 이렇게 생각할지도 모른다.

"지민, 수현, 민수, 정희, 만수 같은 사람들은 특별해서 성공한 거 아닐까?"

하지만 그들은 우리와 다르지 않았다. 평범한 학생, 직장인, 자영업자, 주부였다. 다른 점이 있다면 단 하나 — AI에게 질문하고, 실행하기 시작했다는 것.

질문에서 시작되는 변화

한 대학생은 ChatGPT에게 이렇게 물었다.

"내가 이력서를 더 잘 쓰려면 어떻게 해야 할까?"

답변을 따라 고쳐 쓴 이력서는 면접 기회를 가져다주었고, 그 경험이 결국 합격으로 이어졌다.

한 직장인은 물었다.

"상사에게 인정받으려면 어떤 보고서를 써야 할까?"

AI는 보고서 구조를 설계해 주었고, 그 결과 '일 잘하는 직원'이라는 평판을 얻게 되었다. 질문은 단순히 정보를 얻는 것이 아니라, 새로운 관점을 여는 열쇠였다.

1년이라는 시간의 힘

생각해 보자. 지금으로부터 1년 전, 당신은 어떤 고민을 하고 있었는가? 그 고민이 여전히 같은 자리라면, 지금이 변화를 시작할 때다.

AI 활용은 거창한 기술 습득이 아니다.

- 하루 5분, 질문을 던지는 습관
- 점심시간 15분, 생각을 정리하는 루틴
- 저녁에 하루를 돌아보는 복기

이 작은 루틴이 1년 뒤에는 엄청난 차이를 만든다.

오늘의 작은 질문 → 내일의 작은 실행 → 1년 후의 큰 변화.

"나도 할 수 있을까?"라는 불안에 답하다

많은 사람들이 AI 이야기를 들으면 두려움을 느낀다.

"내 일을 빼앗지 않을까?"

"내가 배워도 금방 뒤처지지 않을까?"

그러나 앞선 사례들이 증명하듯, AI는 위협이 아니라 **확장의 기회**다. AI는 당신의 일을 대신하는 존재가 아니라, 당신의 능력을 더 크게 키워주는 **확장판**이다.

1년 후 주인공이 되는 방법

이제 당신이 따라야 할 길은 단순하다.

- Day 1: ChatGPT에 "안녕"이라고 인사한다.
- Week 1: 하루 한 가지, 궁금한 것을 묻고 답을 실행한다.
- Month 1: 질문-실행-피드백 루틴을 습관화한다.
- Year 1: 변화의 결과를 축적한다.

그리고 1년 뒤, 당신은 누군가의 책 속에 등장할 것이다. "평범했던 내가 AI와 함께 주인공이 되었다"라는 이야기로 채워 갈 것이다.

나는 이 글을 읽고 있는 당신이 단순히 독자가 아니라, 다음 장의 주인공이 되기를 바란다. 1년 후, 당신이 "내 이야기도 책으로 쓸 수 있을 만큼 변했다"고 말할 날을 상상하며, 지금 이 순간 첫 질문을 던져보라.

"AI, 나의 첫걸음을 어떻게 시작하면 좋을까?"

그 질문이 바로, 당신의 턴어라운드가 시작되는 신호다.

핵심 메시지

- 질문이 변화를 시작한다. "지금 내게 필요한 건 무엇인가?"라는 질문을 던져라.
- 작은 습관이 큰 결과를 만든다. 하루 5분이 모여 1년 후의 차이를 만든다.
- AI는 도구가 아니라 동반자다. 두려움 대신 협력의 대상으로 바라보라.
- 당신도 주인공이 될 수 있다. 특별한 배경이 아니라, 실행하는 용기가 차이를 만든다.

11장

오늘 당장 시작하는 실전 가이드

Day 1:
5분만 투자하세요(따라하기 실습)

나는 많은 독자들에게 이렇게 말하곤 한다.

"AI 활용은 거대한 혁신 프로젝트가 아니라, 오늘 딱 5분이면 충분하다."

사람들은 종종 'AI를 배우려면 긴 공부가 필요하다'고 착각한다. 하지만 진짜 중요한 건 배움의 깊이보다 시작의 용기다. 지식은 나중에 쌓여도 된다. 지금 필요한 건 단 한 번의 실행이다.

단 5분,

휴대폰이나 컴퓨터 앞에 앉아 ChatGPT에 말을 걸어보라.

"오늘 나의 일에서 AI를 어떻게 써볼 수 있을까?"

그 한 문장이 당신의 생각을 바꾸고, 그 대화가 당신의 하루를 새롭게 디자인한다.

1) 5분이 만들어내는 첫 번째 전환

Day 1은 단순하다.

- 브라우저를 열고 ChatGPT에 접속한다.
- 로그인하고 대화창을 켠다.
- 그리고 이렇게 입력한다.

"안녕, 나는 오늘부터 AI와 친구가 되고 싶어. 내가 먼저 뭘 해볼까?"
이 질문은 단순해 보이지만, 중요한 전환점이 된다.
첫째, AI를 두려움의 대상이 아니라 대화할 수 있는 **친구**로 인식한다.
둘째, 스스로 질문을 던지는 순간, **학습 주도권**을 갖는다.
셋째, "실행"이라는 작은 성공 경험이 당신 안에 긍정적 동기를 만든다.

2) 따라하기 실습 - 오늘의 5분 루틴

아래 단계를 그대로 실행해 보라.

Step 1. 자기소개하기

"나는 대학생/직장인/창업 준비생/주부인데, AI를 활용해 내 삶을 더 효율적이고 즐겁게 만들고 싶어."

→ 이렇게 말하면 AI는 당신의 상황에 맞는 첫 제안을 해준다.

Step 2. 오늘의 목표 묻기

"오늘 하루 내가 AI와 함께 해볼 수 있는 가장 간단한 일은 뭐야?"

→ 일정 정리, 메일 초안 작성, 공부 계획 등 당장 실행 가능한 답이 나온다.

Step 3. 실행하기

AI가 제안한 작은 실습 중 하나를 실제로 해본다.

- 대학생이라면: "내일 수업 예습 내용을 요약해 줘."
- 직장인이라면: "회의 보고서를 3줄 요약으로 정리해 줘."
- 주부라면: "오늘 저녁 식단 추천해 줘."
- 자영업자라면: "SNS 홍보 글을 3문장으로 작성해 줘."

Step 4. 피드백 요청하기

"좋아, 그런데 조금 더 간단하게/조금 더 자세히/내 상황에 맞게 바꿔줄래?"

→ 이 과정을 통해 AI는 점점 당신만의 코치가 되어간다.

3) 왜 5분인가?

심리학자들은 **작은 성공 경험**이 자기효능감을 키운다고 말한다. 처음부터 거대한 목표를 세우면 포기하기 쉽지만, 작은 목표를 달성하면 "나도 할 수 있다"는 확신이 생긴다.

5분은 누구에게나 부담이 없는 시간이다.

- 지하철을 기다리는 5분
- 점심 식사 후의 5분
- 잠들기 전 침대 위의 5분

이 짧은 시간에 AI와 대화를 시작하는 순간, 습관화의 씨앗이 심어진다.

4) Day 1의 실제 사례

- 취준생 지민은 첫날 ChatGPT에게 "내 자기소개서 첫 문장을 다듬어 줄래?"라고 물었다. 그 결과 막연했던 글이 또렷해졌고, 이후 면접 기회를 얻는 계기가 되었다.
- 직장인 수현은 Day 1에 "오늘 회의에서 말할 포인트를 3줄로 정리해 줘"라고 물었다. 덕분에 회의에서 짧고 임팩트 있는 발언을 할 수 있었고, 상사의 신뢰를 얻는 첫걸음이 되었다.
- 주부 정희는 "내일 아침 아이 도시락 메뉴를 추천해 줘"라는 질문으로 시작했다. 그 작은 질문이 10년간 멈췄던 경력의 재시작을 열어가는 동기가 되었다.

5) 당신의 Day 1 - 지금 바로 실천하기

이제 이 책을 덮고, 휴대폰을 켜라. 그리고 AI에게 이렇게 물어보라.

"오늘 하루를 더 의미 있게 시작하기 위해,
내가 해볼 수 있는 가장 간단한 일은 뭐야?"

그 대답이 크든 작든, 지금 바로 실행하라. 생각보다 세상은 '큰 결심'이 아니라 '작은 실행'으로 움직인다. AI가 던져주는 한 문장은 당신의 하루를 바꾸고, 그 하루가 쌓여 당신의 인생을 바꾼다. 별것 아닌 것처럼 보이겠지만, 그 한 걸음이 바로 당신의 턴어라운드 첫걸음이다.

> **핵심 메시지**
>
> - 실행은 단순해야 한다. 5분이면 충분하다.
> - 질문이 변화를 연다. "안녕"에서 시작하는 질문이 AI와 나를 연결한다.
> - 작은 성공이 동기를 만든다. 오늘의 5분이 내일의 습관이 된다.
> - 주인공은 당신이다. 지금 시작하면, 1년 후 당신의 이야기가 여기에 기록될 것이다.

Week 1: 하루 한 가지씩(7일 챌린지)

Day 1의 5분 실습을 마쳤다면, 이제는 7일 **챌린지**를 시작할 차례다. 습관은 하루에 만들어지지 않는다. 하지만 일주일 동안 매일 하나씩 실행하면, AI와의 대화가 자연스럽게 몸에 배고, 두려움은 설렘으로 바뀐다.

이 챌린지는 거창하지 않다. 오직 "하루 한 가지"만 한다. 단 7일이 지나면, 당신은 AI와 대화하는 사람이 아닌, AI와 함께 살아가는 사람이 되어 있을 것이다.

1일차: 오늘의 할 일 정리하기

아침에 ChatGPT를 열고 이렇게 말한다.

📝 "오늘 내가 해야 할 일을 목록으로 정리해 줘."

당신이 말한 업무나 개인적인 할 일을 AI가 시간순으로 정리해 준다.

- 학생이라면: 수업, 과제, 시험 준비
- 직장인이라면: 보고서 작성, 회의, 전화
- 주부라면: 장보기, 청소, 아이 돌보기

AI가 만든 하루 계획표를 눈으로 확인하는 순간, 하루가 정리되는 느낌이 든다.

2일차: 어려운 개념 쉽게 배우기

오늘은 공부하는 날이다.

📝 "이 개념을 10살 어린이에게 설명하듯 풀어줘."

영어 단어, 경제 용어, 회사 전략, 기술 개념… 무엇이든 좋다. AI는 복잡한 개념을 쉽게 풀어 주고, 필요하다면 비유까지 해준다.
"주식은 농사와 같아요. 씨앗을 심으면 자라서 열매를 맺듯, 투자한 돈이 시간이 지나면 이익으로 돌아옵니다."
어려운 것을 쉽게 설명받는 순간, 학습이 즐거워진다.

3일차: 나만의 글쓰기 코치

📝 "내가 쓴 글을 더 설득력 있게 다듬어 줘."

메일 초안, 자기소개서, 보고서, 발표 대본 등 어떤 글이든 좋다. AI는 문장을 매끄럽게 다듬고, 불필요한 표현을 줄이며, 핵심을 강화한다. 마치 글쓰기 선생님이 옆에서 첨삭해 주는 느낌이다.

4일차: 아이디어 브레인스토밍

📝 "이 문제를 해결할 수 있는 아이디어를 5가지 제안해 줘."

과제 주제, 프로젝트 방안, 사업 아이템, 가족 여행 계획까지. AI는 다양한 관점에서 아이디어를 쏟아낸다. 그중 하나만 선택해도 이미 생각의 지평이 넓어진다.

5일차: 오늘의 대화 파트너

오늘은 AI와 마음의 대화를 나누어 본다.

📝 "오늘 하루 중 가장 힘들었던 순간을 들어 줄래?"

AI는 단순한 정보 제공자가 아니라, 경청자가 될 수도 있다. 힘든 마음을 털어놓고, 위로와 조언을 받는 경험은 'AI와의 대화'가 단순한 기술이 아님을 깨닫게 해준다.

6일차: 미래 준비하기

📝 "AI 시대에 내 직업은 어떻게 변할까? 그리고 나는 무엇을 준비해야 할까?"

이 질문은 가장 실질적이다. AI는 현재 흐름을 분석해 직업 변화를 알려주고, 대비 전략을 제안한다.

- 교사는: AI와 함께 '학습 코디네이터' 역할로 확장
- 마케터는: 데이터 기반 '콘텐츠 전략가'로 진화
- 학생은: 지금부터 '질문력'과 '창의성'을 훈련

7일차: 일주일 돌아보기

마지막 날, 이렇게 물어본다.

📝 "이번 주 내가 AI와 함께 배운 가장 큰 교훈은 무엇일까?"

AI는 대화를 돌아보며 요약을 정리해 준다. 이때 당신은 놀랄 것이다. "나는 그냥 하루 한 가지씩 했을 뿐인데, 내 삶이 이렇게 바뀌고 있구나."

7일 챌린지가 주는 3가지 선물

- 습관: AI와 대화하는 것이 더 이상 낯설지 않다.
- 자신감: 질문하면 답이 돌아온다는 확신이 생긴다.
- 관점 전환: AI를 두려워하는 대신, 가능성을 보는 눈이 열린다.

핵심 메시지

- 하루에 한 가지, 7일이면 충분하다.
- AI와의 대화는 정보 습득을 넘어 습관과 자신감을 만든다.
- 일주일 뒤, 당신은 이미 새로운 삶의 궤도에 올라서 있다.

Month 1:
습관이 되는 마법(30일 프로젝트)

Day 1의 5분 실습, Week 1의 하루 한 가지 챌린지를 지나왔다면 이제는 본격적으로 **30일 프로젝트**에 도전할 차례다. 1개월은 단순한 체험을 넘어 **습관을 만드는 골든 타임**이다. 많은 심리학 연구에서도 '21일의 반복'이 습관의 뼈대를 만들고, 30일은 그 습관을 생활 속에 정착시키기에 충분하다고 말한다.

이제 AI는 더 이상 낯선 존재가 아니다. 오히려 매일 마주하는 '생활 코치'이자 '성장 파트너'로 자리 잡는다. 30일 프로젝트는 당신이 AI를 **실험하는 단계**에서 벗어나 **삶의 일부로 받아들이는 단계**로 넘어가는 관문이다.

1) 30일 프로젝트 설계의 기본 원칙

첫째, 작게 시작하되 꾸준히 한다.

매일 1시간씩 할 필요는 없다. 하루 10분이면 충분하다. 중요한 것은 꾸준함이다.

둘째, 다양한 영역을 경험한다.

학습, 일, 관계, 생활, 자기 성장까지 고르게 활용해 본다. 그래야 AI를 '한정된 도구'가 아니라 '통합된 파트너'로 느낄 수 있다.

셋째, 기록한다.

오늘 AI와 나눈 대화 중 가장 의미 있었던 한 줄을 기록하라. 그것이 30일 뒤 당신의 성장 일기가 된다.

2) 30일 실천 가이드

<u>1주차(Day 1~7)</u> – AI와 친해지기

- Day 1: 오늘의 할 일을 AI에게 말하고 정리받기
- Day 2: 모르는 개념을 AI에게 쉽게 설명받기
- Day 3: 이메일이나 보고서 초안 작성
- Day 4: 오늘 하루 기분을 AI에게 털어놓기
- Day 5: 새로운 아이디어 5가지 요청하기
- Day 6: 내 직업의 미래 물어보기
- Day 7: 일주일 요약받고 교훈 기록하기
- 🎯 목적: AI와 매일 대화하는 습관 만들기

2주차(Day 8~14) - 업무와 학습에 적용하기

- Day 8: 공부 계획표 설계
- Day 9: 업무 보고서 구조 잡기
- Day 10: 인터뷰·발표 예상 질문 받기
- Day 11: 영어 이메일 첨삭 받기
- Day 12: 논문 요약, 기사 요약 시도
- Day 13: 엑셀/파워포인트 자동화 팁 받기
- Day 14: 이번 주 '가장 큰 성과'를 정리

🎯 목적: AI를 실질적인 성과 창출 도구로 체감하기

3주차(Day 15~21) - 자기계발과 관계 확장

- Day 15: 책이나 영화 추천받고 이유 묻기
- Day 16: 자기소개서·포트폴리오 첨삭
- Day 17: 대인관계 고민 상담하기
- Day 18: 나의 강점과 약점 분석 요청
- Day 19: 새로운 취미 아이디어 제안받기
- Day 20: 건강/운동 루틴 설계
- Day 21: 나의 3주 성장 기록 정리

🎯 목적: AI를 '내 삶의 코치'로 느끼기

4주차(Day 22~30) - 비전과 미래 설계

- Day 22: 1년 후의 나에게 편지 쓰기 AI 도움받기
- Day 23: 장기 목표와 세부 계획 설계

- Day 24: 나의 브랜드 메시지 찾기
- Day 25: 블로그 글/콘텐츠 작성 시도
- Day 26: AI와 창의적 글쓰기, 시·에세이 도전
- Day 27: 나의 경력/인생 그래프 정리
- Day 28: 커뮤니케이션·리더십 코칭 받기
- Day 29: 한 달 요약 리포트 작성
- Day 30: 1년 후 목표 선언문 만들기

🎯 **목적:** AI와 함께 미래를 디자인하는 자신감 얻기

3) 30일이 지나면 달라지는 것

- 패턴의 전환: 검색 → 질문 → 실행 → 기록의 루틴이 몸에 배게 된다.
- 자신감의 전환: "AI를 쓸 수 있을까?"라는 불안이 "AI 없이는 더 불편하다"는 확신으로 바뀐다.
- 정체성의 전환: 당신은 더 이상 'AI를 배우는 사람'이 아니라, 'AI와 함께 살아가는 사람'으로 변한다.

4) 실습 팁: 30일을 성공적으로 마치는 법

- 시간 고정: 하루 중 특정 시간을 정하라. 아침 9시, 점심 후, 자기 전 등.
- 질문 기록: 매일 던진 질문 중 가장 의미 있었던 것을 적어두라.
- 공유하기: 가족·동료·친구와 경험을 나누면 지속성이 높아진다.
- 완벽주의 버리기: 못한 날이 있어도 괜찮다. 포기하진 말자.

핵심 메시지

- 30일은 단순한 학습이 아니라 습관의 골든 타임이다.
- AI는 지식·업무·관계·미래 설계까지 삶 전체를 돕는 파트너가 된다.
- 작은 질문과 실행이 쌓여 당신을 완전히 다른 사람으로 만든다.
- 30일 뒤, 당신은 AI를 단순히 '도구'가 아닌, 생활의 일부로 느낄 것이다.

가족과 함께하는 AI 체험법

AI 활용은 혼자만의 일이 아니다. 오히려 **가족과 함께할 때 효과가 배가된다.** 왜냐하면 가족은 우리의 가장 가까운 공동체이자, 삶의 일상적 과제를 함께 나누는 사람들이기 때문이다. 혼자 AI를 배우면 "나만 잘하면 된다"는 개인적 목표에 머물지만, 가족이 함께 배우면 "우리 모두가 성장한다"는 공동체적 가치가 더해진다.

나는 많은 강의 현장에서 학생들에게 이렇게 말한다.

"AI는 혼자 쓰는 도구가 아니라, 함께 쓰며 더 깊어지는 언어다."

AI를 함께 배우는 시간은 단순한 기술 학습이 아니라 감정의 공유이고, 함께 웃으며 배우는 과정은 가족의 신뢰를 다시 세우는 여정이다. 이제 가족을 초대해 보자. 자녀, 배우자, 부모와 함께하는 AI 체험은 놀랍도록 따뜻한 배움의 시간을 선물할 것이다.

1) 자녀와 함께하는 AI - 학습 파트너 만들기

① 공부 친구로 활용하기

자녀에게 "모르는 문제는 ChatGPT 선생님께 먼저 물어보자"고 권해보라.

수학 문제를 풀다가 막히면 이렇게 질문한다.

"이 문제를 단계별로 설명해 줘."

AI는 정답만 알려주지 않고 풀이 과정을 차근차근 보여준다. 아이는 "왜 이런 답이 나왔는지"를 이해하며 스스로 학습한다.

② 창의력 키우기

"우리 함께 동화를 만들어 볼까?"

"용감한 고양이가 달나라로 여행가는 이야기 써 줘."

아이와 함께 문장을 이어가며 새로운 캐릭터와 모험을 만들어 보는 것은 상상력을 키우는 훌륭한 놀이가 된다.

2) 배우자와 함께하는 AI - 생활 효율 높이기

① 오늘의 식단 고민 해결

매일 저녁마다 "오늘 뭐 먹지?"라는 질문으로 시간을 낭비한다면, AI를 불러보라.

"냉장고에 있는 달걀, 두부, 시금치로 저녁 메뉴 추천해 줘."

순식간에 3~4가지 요리 아이디어가 나온다. 가족 식단을 계획하는 시간이 절약되고, 대화는 훨씬 가벼워진다.

② 여행 계획 세우기

휴가철이면 여행 준비가 스트레스가 되곤 한다. 이때도 AI가 도움이 된다.
"3박 4일 제주도 여행 코스를 가족 맞춤형으로 추천해 줘."
연령대별로 즐길 거리와 비용까지 정리된 여행 일정표가 금세 나온다. 배우자와 함께 보며 수정·보완하면 계획 과정 자체가 즐거운 시간이 된다.

3) 부모님과 함께하는 AI - 세대 연결 다리 놓기

① 디지털 격차 줄이기

많은 부모님이 AI를 '어렵고 낯선 것'으로 여긴다. 하지만 이렇게 말해보라.
"엄마, ChatGPT에게 오늘 건강을 위해 뭐 먹으면 좋을지 물어볼래요?"
간단한 질문으로 시작하면 부모님은 AI를 '복잡한 기술'이 아니라 '생활 도우미'로 받아들인다.

② 추억 되살리기

"1970년대 한국의 대중가요 분위기를 설명해 줘."
부모님 세대의 추억을 AI와 함께 이야기로 풀어내면 세대 간 대화가 풍성해진다. 손주들에게 들려줄 이야기 소재로도 훌륭하다.

4) 가족 전체가 즐기는 AI 활동

① 저녁 식탁 대화 주제 만들기

"오늘 저녁 가족이 함께 이야기할 질문 3개를 제안해 줘."
AI가 던져주는 질문은 단순한 대화 소재를 넘어, 서로의 생각을 나누는 시간을 만들어 준다.

② 가족 미션 챌린지

일주일 동안 가족이 각각 AI와 대화한 내용을 기록해 두고, 일요일 저녁에 "이번 주 가장 재미있었던 질문"을 공유한다. 이 작은 챌린지는 가족이 함께 성장하는 문화를 만든다.

5) 왜 가족과 함께해야 하는가?

AI를 혼자 배우는 것도 의미 있지만, 함께 배우는 순간, 그 의미는 배가된다.

첫째, 세대 간 대화가 열린다.
부모와 자녀, 배우자가 함께 AI를 쓰면 각자의 언어와 관점이 자연스럽게 교차한다.

둘째, 관계가 깊어진다.
AI는 단순한 도구가 아니다. 함께 배우고, 함께 웃고, 함께 놀라며 가족이 '배움의 경험'을 공유하는 새로운 매개가 된다. 즉, AI는 세대의 벽을 허무는 감정의 다리가 된다.

셋째, 미래 준비가 가족 단위로 가능해진다.

AI 활용은 이제 생존이 아닌 생활의 언어다. 가족이 함께 배울 때, 미래는 불안이 아니라 공동의 프로젝트가 된다. 부모는 방향을 제시하고, 자녀는 속도를 더한다. 이때 가족은 더 이상 과거의 공동체가 아니라, 미래를 함께 설계하는 '팀'이 된다.

> **핵심 메시지**
> - AI는 가족 공동체를 연결하는 새로운 언어이다.
> - 자녀에겐 학습 파트너, 배우자에겐 생활 효율 도우미, 부모님에겐 디지털 친구가 된다.
> - 작은 질문 하나가 세대를 연결하고, 관계를 따뜻하게 만든다.
> - 오늘 저녁, 가족을 불러 함께 AI에게 말을 걸어보라. 그 순간이 가족 턴어라운드의 시작이다.

돈 한 푼 안 들이고 시작하는 법

많은 사람들이 AI 활용을 시작하지 못하는 이유 중 하나는 비용이다.

"AI는 비싼 프로그램이나 유료 구독이 있어야 제대로 활용할 수 있지 않을까?"

"무료 버전으로는 쓸 수 있는 게 제한적이지 않을까?"

그러나 실제로는 다르다. **AI 활용의 첫걸음은 돈이 아니라 태도에서 시작된다.** 지금 손에 들고 있는 스마트폰, 노트북, 인터넷만 있으면 누구나 무료로 AI를 만날 수 있다. 중요한 건 '어떻게 질문하고, 어떻게 실행하는가'이다.

1) 무료로 시작할 수 있는 AI 도구들

① ChatGPT 무료 버전
- OpenAI의 ChatGPT는 기본적으로 무료 버전을 제공한다.

- 글쓰기, 요약, 일정 정리, 학습 도움 등 대부분의 일상적 활용에는 충분하다.
- 프리미엄 버전은 더 강력하지만, 시작은 무료로도 충분하다.

② 검색 엔진 AI
- 네이버, 구글, 빙은 AI 검색 기능을 무료로 제공한다.
- 단순 검색이 아니라 대화형 요약을 제공해, 정보를 더 빠르고 효율적으로 정리할 수 있다.

③ 스마트폰 내장 기능
- iPhone의 Siri, 안드로이드의 구글 어시스턴트 역시 기본적인 AI다.
- 일정 관리, 알람, 간단한 검색 등은 이미 '무료 AI'로 해결할 수 있다.

핵심은 "무료 버전이라서 못한다"가 아니라, "무료 버전으로도 할 수 있는 게 이렇게 많다"를 체험하는 것이다.

2) 돈이 아닌 '질문'이 투자다

AI 활용에서 진짜 중요한 건 돈이 아니라 질문력이다. 같은 무료 버전을 써도 어떤 사람은 놀라운 결과를 얻고, 어떤 사람은 별 효과를 못 느낀다. 차이는 질문에 있다.

- 나쁜 질문: "자기소개서 써줘."

- 좋은 질문: "마케팅 직무에 지원하려고 해. 내 경험은 ○○와 △△인데, 이를 효과적으로 녹여 자기소개서 첫 문단을 작성해 줄래?"

질문이 구체적일수록, 답은 더 정교해진다. 그리고 이 기술은 돈이 아니라 연습으로 얻는다.

3) 무료 AI 활용 루틴 만들기

① 아침 5분 – 오늘의 할 일 정리

무료 ChatGPT에 "오늘 내가 집중해야 할 3가지"를 묻는다.

② 점심 10분 – 기사 요약하기

관심 있는 뉴스 기사 주소를 넣고 "핵심만 5줄로 요약해 줘"라고 요청한다.

③ 저녁 10분 – 하루 복기

"오늘 내가 배운 가장 큰 교훈을 정리해 줘"라고 물어보고 기록한다.

이 루틴은 전혀 비용이 들지 않지만, 하루하루 쌓이면 습관이 된다.

4) 무료로도 큰 효과를 본 실제 사례

- 취준생 지민은 무료 ChatGPT만으로 자기소개서 초안을 다듬고, 면접 예상 질문을 준비했다. 결국 대기업 합격을 거머쥐었다.
- 주부 정희는 무료 버전으로 블로그 글을 매일 작성했고, 6개월 만에 월

200만원의 수익을 올렸다.
- 자영업자 만수는 무료 AI로 SNS 홍보 글을 자동 생성해 매출을 두 배로 늘렸다.

이들의 공통점은 돈이 아니라 실행의 태도로 시작했다는 것이다.

5) 돈보다 중요한 건 '지속성'

AI 활용은 체육관 회원권과 비슷하다. 비싼 등록비를 내도 안 가면 아무 소용 없다. 반대로 공원에서 무료로 매일 걷기만 해도 건강은 달라진다. AI도 마찬가지다. 무료 버전이라도 매일 쓰면 당신의 사고력과 실행력은 눈에 띄게 성장한다.

> **핵심 메시지**
> - AI 활용의 출발점은 돈이 아니라 태도다.
> - 무료 버전으로도 학습·업무·생활·성장을 충분히 바꿀 수 있다.
> - 좋은 질문이 최고의 투자다. 돈이 없어도 질문을 잘하면 성과는 따라온다.
> - 오늘, 지금, 무료 AI와 대화를 시작하라. 그것이 1년 후 당신의 인생을 바꿀 첫 걸음이다.

에필로그

당신의 5분 혁명은 지금 시작된다

책을 덮는 이 순간, 당신은 아마도 마음속에 이런 질문을 던지고 있을 것이다.

"정말 나도 할 수 있을까?"

할 수 있다.

왜냐하면 이 책 속 주인공들은 우리와 똑같이 평범한 사람들이었기 때문이다. 실직 위기에서 다시 일어선 차문현, 질문으로 AI와 길을 연 김기진, 그리고 지민·수현·민수·정희·만수 같은 수많은 사례들. 그들은 특별한 배경이 있었던 것이 아니라, 작은 실행을 시작했을 뿐이다.

그리고 지금, 당신 차례다.

AI는 당신을 대체하지 않는다

많은 사람들이 AI를 두려워한다.

"내 일을 빼앗지 않을까?"

"내가 배운 기술이 무용지물이 되지 않을까?"

하지만 AI는 당신을 대체하는 존재가 아니다. 오히려 당신의 가능성을 확장시키는 파트너다. AI는 당신의 속도를 높이고, 생각을 정리하고, 새로운 관점을 열어준다. 그러나 마지막 결정을 내리는 것은 언제나 '사람'이다.

기계는 답을 주지만, 의미를 찾는 것은 인간이다. AI가 글을 써줄 수는 있지만, 그 글에 생명을 불어넣는 것은 당신의 경험과 목소리다. AI가 데이터를 분석할 수는 있지만, 그 데이터에서 진짜 통찰을 끌어내는 것은 인간의 상상력이다.

따라서 AI는 결코 당신을 대체하지 않는다. AI는 당신이 더 나은 사람이 되도록 돕는다.

AI와 함께 더 나은 당신이 된다

우리가 살아가는 시대는 선택을 강요하지 않는다.

"AI냐, 인간이냐"의 이분법이 아니라, "AI와 함께 어떤 사람이 될 것인가"라는 질문을 던진다. AI와 함께하는 당신은 더 효율적일 뿐 아니라, 더 창의적이고 더 인간적이 될 수 있다.

- 학생은 학습 코치로 AI를 활용해 더 깊이 배우고,

- 직장인은 보고서 파트너로 AI를 활용해 더 명확히 소통하고,
- 리더는 전략적 동반자로 AI를 활용해 더 큰 그림을 본다.

AI와 협력하는 순간, 당신은 지금보다 한 단계 더 나은 자신이 된다.

1년 후 완전히 다른 삶을 위한 약속

지금부터 1년 뒤, 당신의 모습은 어떻게 달라져 있을까? 이 책을 읽고도 아무 실행을 하지 않았다면, 아마도 큰 변화는 없을 것이다. 하지만 오늘 단 5분이라도 AI와 대화하기 시작한다면, 내일의 당신은 분명 다를 것이다.

- Day 1: 5분 투자 → AI와 첫 대화
- Week 1: 7일 챌린지 → AI가 생활에 스며듦
- Month 1: 30일 프로젝트 → 습관 정착
- Year 1: 새로운 정체성 → AI와 함께 살아가는 사람

이 루틴을 따라간다면, 1년 뒤 당신은 지금 상상하는 것 이상으로 성장해 있을 것이다. 삶을 효율적으로 관리하는 사람, 새로운 기회를 붙잡는 사람, 그리고 다른 이들에게 영감을 주는 사람이 되어 있을 것이다.

함께 성장하는 커뮤니티 초대

혼자서는 멀리 가지 못한다. 그러나 함께라면 더 멀리, 더 깊이 나아갈 수 있다. 이 책은 단순한 안내서가 아니라, **커뮤니티로의 초대장**이다.

우리는 각자의 자리에서 AI와 함께 성장하는 평범한 사람들이지만, 연결될 때 더 큰 힘을 발휘한다. 서로의 질문을 나누고, 실행 경험을 공유하며, 작은 성공을 격려하는 커뮤니티가 모이면, 그것은 개인의 성공을 넘어 사회적 턴어라운드로 이어진다.

독자인 당신이 이 여정의 동료가 되기를 바란다. 당신의 작은 시작이 모여 세대를 바꾸는 거대한 흐름이 될 것이기 때문이다.

AI는 당신을 대체하지 않는다.
AI는 당신을 더 나은 당신으로 만든다.
오늘 시작하면, 1년 후 당신은 완전히 달라져 있을 것이다.

이제 당신 차례다.
책을 덮는 순간이 끝이 아니라 시작이다.
당신의 5분 혁명은 지금, 이 순간 이미 시작되었다.

특별 부록

바로 쓰는 실전 키트

부록 A 상황별 ChatGPT 프롬프트 100선

1. 직장인 업무 효율화 20선

1. "오늘 회의 내용을 요약해서 5줄로 정리해 줘."
2. "이 보고서를 한눈에 보이게 목차 구조를 만들어 줘."
3. "상사에게 보낼 메일을 공손하면서도 간결하게 작성해 줘."
4. "10분 발표용 스크립트를 5분 버전으로 축약해 줘."
5. "회의록을 읽기 좋게 표 형식으로 정리해 줘."
6. "보고서 제목을 임팩트 있게 바꿔 줘."
7. "내가 맡은 프로젝트 진행 상황을 주간 보고서로 작성해 줘."
8. "업무용 엑셀 함수 중 꼭 알아야 할 10가지를 사례와 함께 설명해 줘."
9. "상사에게 보고할 때 핵심 포인트 3가지를 뽑아 줘."
10. "영어 비즈니스 메일을 한국어로 번역해 줘."
11. "내가 작성한 문장을 더 전문적으로 다듬어 줘."
12. "기획안의 핵심 아이디어를 3줄로 요약해 줘."
13. "보고서를 발표자료PPT로 변환할 수 있게 슬라이드 구조를 제안해 줘."
14. "프로젝트 위험 요인을 체크리스트로 만들어 줘."
15. "내 업무를 하루 단위로 시간 관리 계획으로 짜 줘."

16. "실적 보고서 데이터를 이해하기 쉽게 그래프 아이디어로 정리해 줘."
17. "팀 분위기를 살릴 수 있는 회의 아이스브레이킹 멘트를 추천해 줘."
18. "내가 맡은 역할에서 성과를 높일 수 있는 구체적 행동 5가지를 알려 줘."
19. "회사 내 다른 부서와 협업할 때 주의해야 할 포인트를 알려 줘."
20. "이번 분기 목표를 달성하기 위한 실천 계획표를 작성해 줘."

2. 창업/사업 아이디어 20선

1. "내 관심사와 취미를 기반으로 창업 아이템 10개를 제안해 줘."
2. "100만원 이하 소자본으로 가능한 창업 아이디어를 알려 줘."
3. "온라인 쇼핑몰 창업을 위한 단계별 체크리스트를 작성해 줘."
4. "내 사업 아이디어를 1분 투자 피치로 정리해 줘."
5. "고객 불편을 해결할 수 있는 신규 서비스 아이디어를 제안해 줘."
6. "지금 뜨는 글로벌 스타트업 트렌드 5가지를 알려 줘."
7. "내 사업 아이템을 SWOT 분석으로 정리해 줘."
8. "지역 기반 비즈니스 아이디어 5개를 추천해 줘."
9. "창업 1년차가 흔히 겪는 실패 요인과 예방책을 알려 줘."
10. "내 아이템을 홍보할 수 있는 SNS 콘텐츠 5개를 기획해 줘."
11. "사업계획서를 작성할 때 반드시 포함해야 할 항목을 정리해 줘."
12. "내가 가진 기술을 활용한 창업 아이디어를 제안해 줘."
13. "폐업 위기를 기회로 바꿀 수 있는 사업 전환 아이디어를 알려 줘."
14. "고객 인터뷰 질문 10개를 작성해 줘."

15. "내 아이템을 온라인 크라우드펀딩으로 소개하는 글을 써 줘."
16. "사업 아이디어를 한 줄 슬로건으로 만들어 줘."
17. "내 아이템의 주요 고객 페르소나를 3가지로 정의해 줘."
18. "내가 가진 장점스킬, 네트워크을 기반으로 창업 아이템을 설계해 줘."
19. "시장 진입 전에 해야 할 최소 검증MVP 방법을 알려 줘."
20. "창업가가 반드시 알아야 할 AI 활용법을 5가지로 정리해 줘."

3. 자기계발/학습 20선

1. "오늘 배운 내용을 3줄 요약으로 정리해 줘."
2. "이 책또는 기사의 핵심 메시지를 학생 수준에서 설명해 줘."
3. "내 전공과 관련된 최신 트렌드 5가지를 알려 줘."
4. "토익/토플 공부 계획을 30일 플랜으로 짜 줘."
5. "내가 외워야 할 단어 20개를 예문과 함께 정리해 줘."
6. "오늘 수업 내용을 문제로 만들어 줘."
7. "시험 대비를 위한 예상 문제 5개를 만들어 줘."
8. "어려운 개념을 10살 어린이에게 설명하듯 풀어 줘."
9. "나의 약점을 보완할 수 있는 공부법을 제안해 줘."
10. "내가 관심 있는 분야의 추천 도서 목록을 만들어 줘."
11. "이 강의 내용을 마인드맵 구조로 정리해 줘."
12. "시험 전날 집중력을 높이는 공부법을 알려 줘."
13. "내 전공을 바탕으로 진출할 수 있는 직업군을 알려 줘."
14. "논문 요약을 5줄로 해줘."

15. "내 발표를 청중이 이해하기 쉽게 수정해 줘."
16. "외국어 회화 연습 대화를 시뮬레이션해 줘."
17. "효율적인 노트 필기법을 제안해 줘."
18. "내가 작성한 학습 계획표를 보완해 줘."
19. "시험 당일 시간 관리 전략을 알려 줘."
20. "오늘 공부한 내용을 퀴즈 형식으로 테스트해 줘."

4. 일상 문제해결 20선

1. "오늘 저녁 메뉴 추천해 줘."
2. "집안 청소를 1시간 만에 끝낼 수 있는 계획을 짜 줘."
3. "여름 휴가 여행지 3곳을 추천해 줘."
4. "아이 생일파티를 준비할 수 있는 체크리스트를 만들어 줘."
5. "주말 가족 나들이 코스를 알려 줘."
6. "스트레스를 줄일 수 있는 하루 습관 5가지를 알려 줘."
7. "아침에 빨리 일어나는 팁을 알려 줘."
8. "오늘 하루를 기록할 수 있는 일기 프롬프트를 줘."
9. "내 옷장 속 옷으로 코디 추천해 줘."
10. "친구 생일 선물 아이디어를 제안해 줘."
11. "운동 초보자가 할 수 있는 홈트 루틴을 알려 줘."
12. "저녁에 10분 명상 스크립트를 작성해 줘."
13. "아이와 함께할 수 있는 놀이 5가지를 알려 줘."
14. "주방 살림을 효율적으로 관리하는 팁을 알려 줘."

15. "장보기 목록을 효율적으로 작성해 줘."
16. "나의 소비 습관을 점검하는 체크리스트를 만들어 줘."
17. "자동차 관리에서 꼭 필요한 점검 항목을 알려 줘."
18. "오늘 하루 긍정적인 마인드를 유지할 수 있는 아침 루틴을 제안해 줘."
19. "친척 모임에서 나눌 수 있는 가벼운 대화 주제 5개를 알려 줘."
20. "비 오는 날 집에서 즐길 수 있는 활동 5가지를 알려 줘."

5. 창의적 활용 20선

1. "나만의 시詩를 한 편 써 줘."
2. "오늘의 기분을 비유로 표현해 줘."
3. "내가 좋아하는 색으로 하루를 설명해 줘."
4. "일상 이야기를 재미있는 동화로 바꿔 줘."
5. "내 경험을 블로그 글로 재구성해 줘."
6. "내가 겪은 일을 유머러스한 짧은 이야기로 만들어 줘."
7. "영화 시나리오의 한 장면처럼 내 하루를 써 줘."
8. "내 이름을 이용해 3행시를 지어 줘."
9. "내 이야기를 노래 가사 스타일로 바꿔 줘."
10. "친구에게 보내는 편지를 시적인 문장으로 써 줘."
11. "오늘 찍은 사진에 맞는 캡션을 지어 줘."
12. "나만의 브랜드 슬로건을 만들어 줘."
13. "내 일상을 만화 대사처럼 표현해 줘."

14. "내가 쓰고 싶은 책 제목을 10개 제안해 줘."
15. "일상 속 순간을 은유적 표현으로 바꿔 줘."
16. "내가 좋아하는 노래 스타일로 짧은 시를 써 줘."
17. "내 일상을 영화 예고편처럼 소개해 줘."
18. "내가 원하는 가치관을 문장으로 압축해 줘."
19. "오늘 하루를 해시태그(#) 5개로 표현해 줘."
20. "내가 상상하는 미래 도시를 창의적으로 묘사해 줘."

직장인은 효율성을, 창업가는 실행 아이디어를, 학생은 학습을, 가정은 생활 문제 해결을, 창작자는 새로운 영감을 얻을 수 있다. 100개의 프롬프트는 단순한 문장이 아니라, 실행의 시작점이다.
중요한 건 질문을 던지고, 답을 실행하는 작은 습관이다.

부록 B 나만의 AI 활용 점검표

1. 일일 체크리스트(Daily Checklist)

하루를 시작하고 마무리하는 AI 루틴 점검표

체크 항목	질문/프롬프트	완료 여부(✓)	메모
아침 질문으로 하루 시작	"오늘 꼭 이루고 싶은 목표는 무엇인가?"		
업무/학습 준비	"오늘 내가 집중해야 할 3가지 핵심은?"		
점심 리셋	"지금까지 잘한 점 1가지, 개선할 점 1가지?"		
오후 성과 점검	"내가 오늘 성과를 높이기 위해 더할 수 있는 행동은?"		
저녁 복기	"오늘 배운 교훈은 무엇이며 내일 어떻게 적용할까?"		
감정 점검	"오늘 나의 감정을 한 단어로 표현한다면?"		
자기 성장 기록	"오늘 성장한 부분을 한 줄로 적어 보자."		

2. 주간 성장 측정표(Weekly Growth Tracker)

1주일 동안 AI를 활용하며 성과와 변화를 측정하는 표

항목	측정 질문	점수 (1~5)	비고
질문력	"이번 주 AI에게 던진 질문의 질이 좋아졌는가?"		
실행력	"AI와 함께한 아이디어를 실제 행동으로 옮겼는가?"		
성과	"업무·학습·일상에서 구체적인 성과가 있었는가?"		
창의력	"새로운 방식으로 문제를 풀거나 아이디어를 냈는가?"		
관계력	"AI 활용 경험을 다른 사람과 공유하거나 협력했는가?"		
성찰	"실패·한계에서 배우고 기록했는가?"		

총점: _____ / 30
주간 인사이트: _____

3. 월간 목표 달성표(Monthly Goal Planner)

한 달 단위로 AI와 함께 설정한 목표 → 실행 → 성과를 점검

구분	목표	실행 계획	성과	피드백/교훈
1				
2				
3				

보조 질문

- "이번 달에 반드시 이루고 싶은 목표는 무엇인가?"
- "AI를 활용하여 어떤 방식으로 달성할 수 있을까?"
- "성과를 방해한 장애물은 무엇이며, 다음 달엔 어떻게 극복할까?"

4. 분기별 인생 점검표(Quarterly Life Review)

3개월 단위로 인생의 큰 그림을 점검하고 AI 활용 효과를 확인

영역	성찰 질문	점수 (1~5)	코멘트
일 Work	"AI가 내 업무 성과와 효율에 어떻게 기여했는가?"		
관계 Relation	"AI 활용으로 협업·소통 방식에 변화가 있었는가?"		
성장 Growth	"지난 3개월 동안 새로 배운 것, 도전한 것은?"		
성과 Achievement	"AI 덕분에 가시적 성과(성과 지표·결과)가 있었는가?"		
신뢰 Trust	"AI 활용에 대한 나의 신뢰와 자신감은 얼마나 높아졌는가?"		
의미 Meaning	"AI와 함께한 경험이 내 삶에 어떤 의미를 더했는가?"		

종합 결론

- 이번 분기의 나를 한 문장으로 정의한다면?

  → _____

- 다음 분기의 비전/도전은 무엇인가?

  → _____

활용 가이드

- 일일 → 주간 → 월간 → 분기로 이어지는 구조는 곧 AI 루틴 → 성장 측정 → 목표 달성 → 인생 성찰의 흐름이다.
- 체크리스트는 단순 기록이 아니라, AI에게 다시 던질 질문 프롬프트이기도 하다.
- 독자는 이 점검표를 통해 AI와 함께 성장하는 자기 루틴을 직접 체험하게 된다.